STEINE

Minerale, Edelsteine und Fossilien in über 1000 Bildern

STEINE

Minerale, Edelsteine und Fossilien in über 1000 Bildern

Dan Green

DK

DK Penguin Random House

Lektorat Bharti Bedi, Chris Hawkes, Deeksha Saikia, Andrew Macintyre, Kingshuk Ghoshal, Liz Wheeler, Jonathan Metcalf
Gestaltung und Bildredaktion Govind Mittal, Philip Letsu, Pooja Pipil, Tanvi Sahu, Vikas Chauhan, Alpana Aditya, Sonali Rawat, Priyanka Bansal, Rachael Grady, Harish Aggarwal, Jaypal Chauhan, Nityanand Kumar, Nishwan Rasool, Taiyaba Khatoon, Karen Self
Herstellung Balwant Singh, Pankaj Sharma, Gillian Reid, Vivienne Yong
Umschlaggestaltung Surabhi Wadhwa, Saloni Singh, Claire Gell, Mark Cavanagh, Sophia MTT

Für die deutsche Ausgabe:
Projektbetreuung Dörte Eppelin
Herstellungskoordination Katharina Schäfer
Herstellung Melanie Bundschuh, Claudia Bürgers

Titel der englischen Originalausgabe:
The Rock and Gem Book

Übersetzung Gerd Hintermaier-Erhard
Lektorat Dr. Martin Lehr

ISBN 978-3-8310-3213-6
5902-274737-20763-11

Druck und Bindung Golden Prosperity Printing & Packaging (Heyuan) Co., Ltd.

FSC www.fsc.org MIX Papier | Fördert gute Waldnutzung FSC® C018179

www.dk-verlag.de

INHALT

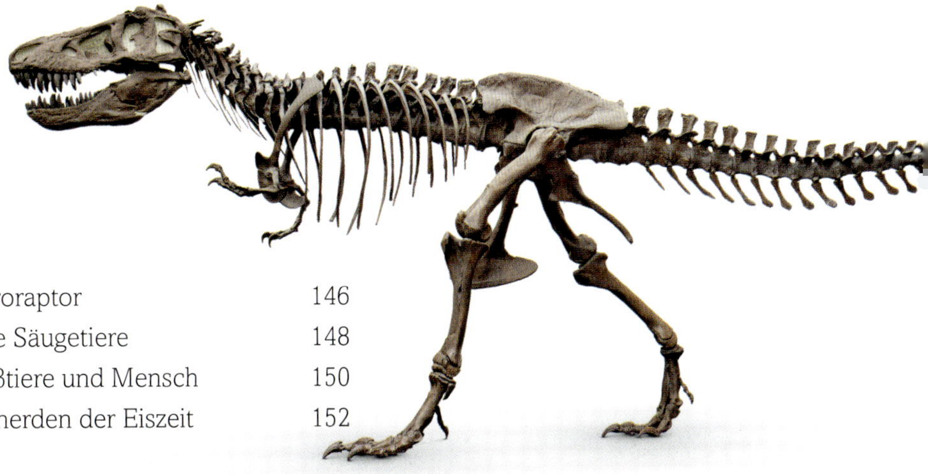

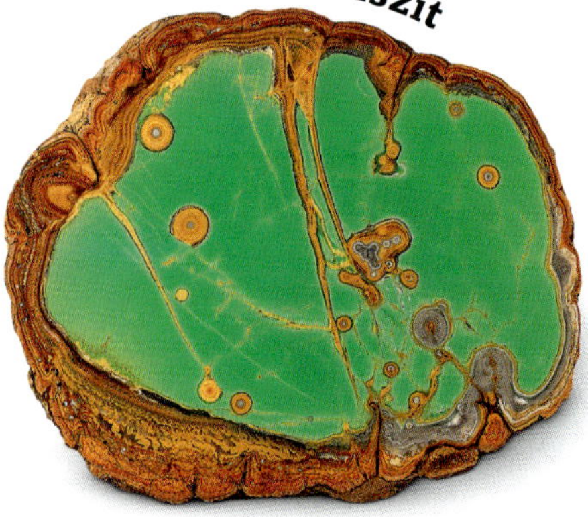

Vorwort

Unser Planet steckt voller Naturwunder. Die Gesteine der Erdoberfläche bergen zahllose Überraschungen – von farbenfrohen Mineralen über glitzernde Edelsteine bis zu wertvollen Metallen. Dieses Buch enthält eine beeindruckende Sammlung natürlicher Schätze, erstaunlicher Fossilien und wunderschöner Tiergehäuse.

Ich wuchs an der Küste von Wales auf und war schon als Kind fasziniert, was die Flut alles anspülte. Mit meinen Schwestern durchstreifte ich die Strände auf der Suche nach „Schätzen" und sammelte glänzende Steine, gemusterte Gerölle und hübsche Muscheln.

In den Hügeln der Gegend gab es überall Bleibergwerke, und ich war von dem Gedanken besessen, ich könne im Flussbett Gold finden. Oder vielleicht einen Gesteinsbrocken mit Fossilien, was genauso aufregend gewesen wäre.

Später studierte ich Geologie. Nach wie vor begeistert von der Schönheit und Seltenheit von Mineralen, lernte ich, dass sie uns erzählen können, wie unser Planet entstanden ist und sich im Laufe seines Daseins immer wieder verändert hat. Fossilien verraten uns, wie Lebewesen einst mit den Herausforderungen

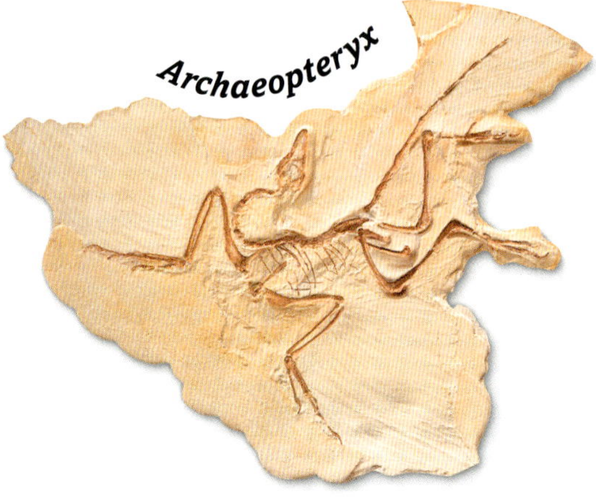

Hessonit

Mondgestein

Herz aus Azurit

Versteinerter Kiefernzapfen

des Lebens fertig wurden. Gesteine und Minerale spielen darüber hinaus eine wichtige Rolle im Alltag: Viele Rohstoffe werden aus der Erdkruste gewonnen.

In diesem Buch findest du Gesteine und Edelsteine, wichtige Erzminerale und erstaunliche Fossilien, du verfolgst die Geschichte des Lebens und staunst über hübsche Muscheln und Schnecken. Dabei durchstreifst du einige der aufregendsten Landschaften und Naturwunder der Erde. Nun hoffe ich, dass diese Entdeckungsreise dich neugierig macht auf die Welt um dich herum.

Dan Green

In diesem Buch findest du Infokästen, die die Größe der Gesteine, Minerale, Edelsteine, Fossilien und Tiergehäuse durch den Vergleich mit einem Kind, einem Lkw oder einer Hand veranschaulichen.

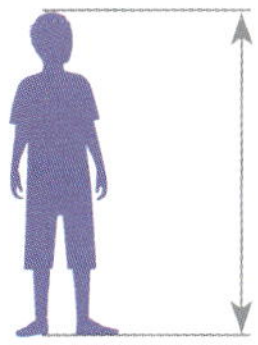

Kind = 1,45 m groß

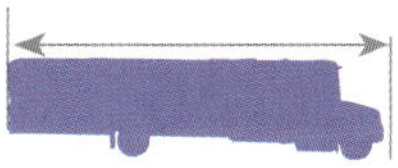

Lkw = 11 m lang

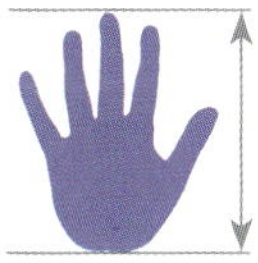

Hand = 16 cm lang

Lasurit in Marmor

Muschelschale mit Perlmutt

Bornit

Gesteinsplanet Erde

Die Erde ist eine Gesteinskugel mit einem Kern geschmolzenen Gesteins im Zentrum. Außen hat sie eine dünne Kruste, die starr und fest ist. Sie ist im Durchschnitt 50 km dick und besteht aus mineralischen Gesteinen – meist Verbindungen aus Silizium und Sauerstoff, den Silikaten. Die Erde ist oft sehr unruhig. Hitze aus ihrem Inneren hält die Kruste in Bewegung. Riesige Gesteinstafeln, die tektonischen Platten, reiben gegeneinander und lösen dabei Erdbeben und Vulkaneruptionen aus. Wo die Platten zusammenstoßen, falten sie Gebirge auf.

Wie die Erde entstanden ist

Die Planeten des Sonnensystems bildeten sich im gleichen Zeitraum wie die Erde, vor rund 4,6 Mrd. Jahren, aus einer die Sonne umkreisenden Staubwolke. Nach Millionen von Jahren ballten sich kleine Klumpen zusammen. Sie wurden größer und durch gegenseitige Anziehungskräfte auf Umlaufbahnen gezwungen. Auch die frühe Erde wuchs, sie sammelte mehr und mehr Material ein.

Diese Illustration zeigt das Wachstum der Erde – vom kleinen Gesteinsbrocken, der Staub einsammelt, bis zum fertigen Planeten mit eigener Wasser- und Lufthülle.

Im Erdinneren

Die Erde besteht aus drei Schalen: Der **Kern** ist aufgeteilt in einen festen inneren und einen flüssigen äußeren Kern. Beide machen bereits mehr als die Hälfte des Erddurchmessers aus. Darüber liegt der **Mantel**, eine dicke Lage sehr dichter Minerale, und ganz außen die dünne **Kruste** aus Mineralen und Gesteinen.

Gleitende Platten

Die Erdoberfläche ist aus mehreren miteinander verzahnten Platten aus Krusten- und Mantelmaterial zusammengesetzt. Diese tektonischen Platten bewegen sich auf dem zähflüssigen, heißen Gestein des oberen Mantels. Es gibt acht große Platten und mehrere kleinere.

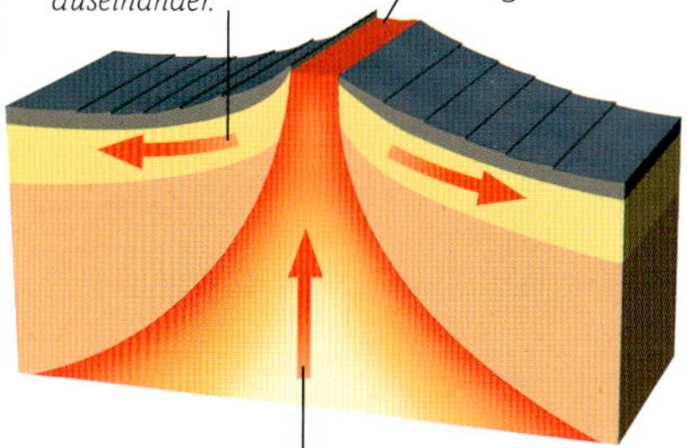

Spreizung

Wo Platten auseinandertreiben, entsteht neue Kruste. An dünneren Stellen dringt Magma an die Oberfläche und Lava breitet sich aus. Das geschieht zum Beispiel am Mittelatlantischen Rücken.

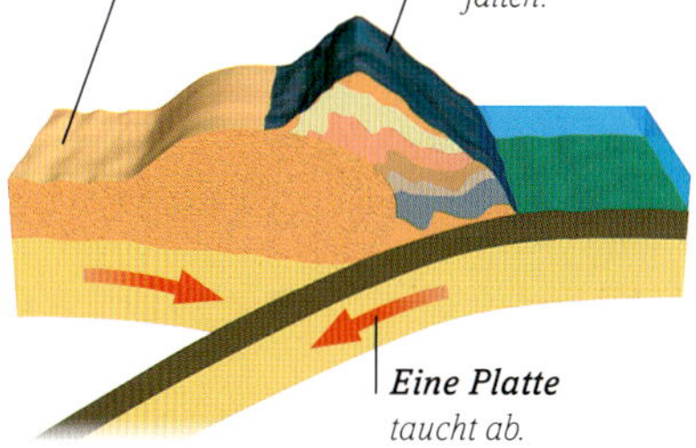

Zusammenstoß

Wo Platten aufeinander zutreiben, wird Kruste zerstört. Die eine Platte schiebt sich über die andere, die steil in den Mantel abtaucht. Gebirge wie der Himalaja oder die Alpen falten sich auf.

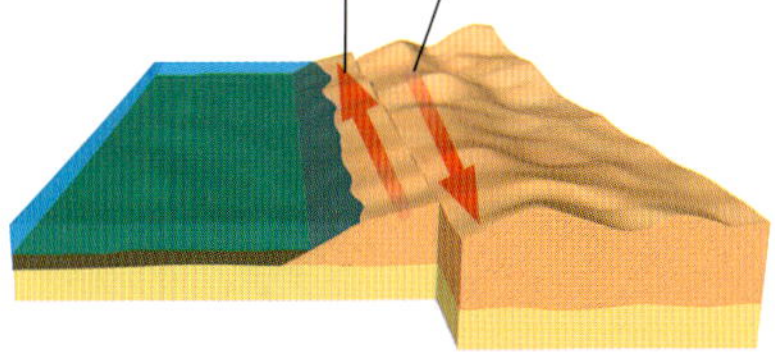

Gleiten und Verhaken

Schieben sich Platten aneinander vorbei, können sie sich verhaken – dabei baut sich Spannung auf. Wenn diese sich schlagartig löst, gibt es ein Erdbeben.

Kreislauf der Gesteine

Die meisten Gesteine liegen unter der Erdoberfläche verborgen. An bestimmten Stellen sind sie jedoch gut zu sehen, etwa in Gebirgen, Schluchten oder an Küsten. Viele unterschiedliche Gesteine haben sich über Milliarden von Jahren auf verschiedene Art und Weise entwickelt. Dazu gehören Vulkanismus, durch den sich magmatische Gesteine auf oder unter der Erdoberfläche bilden, die Entstehung von Sedimentgesteinen, z. B. am Meeresboden oder in Flüssen, und die Umwandlung bestehender Gesteine durch Druck und Hitze, wobei metamorphe Gesteine entstehen. Diese Prozesse sind in einem immerwährenden Zyklus miteinander verknüpft, dem Kreislauf der Gesteine.

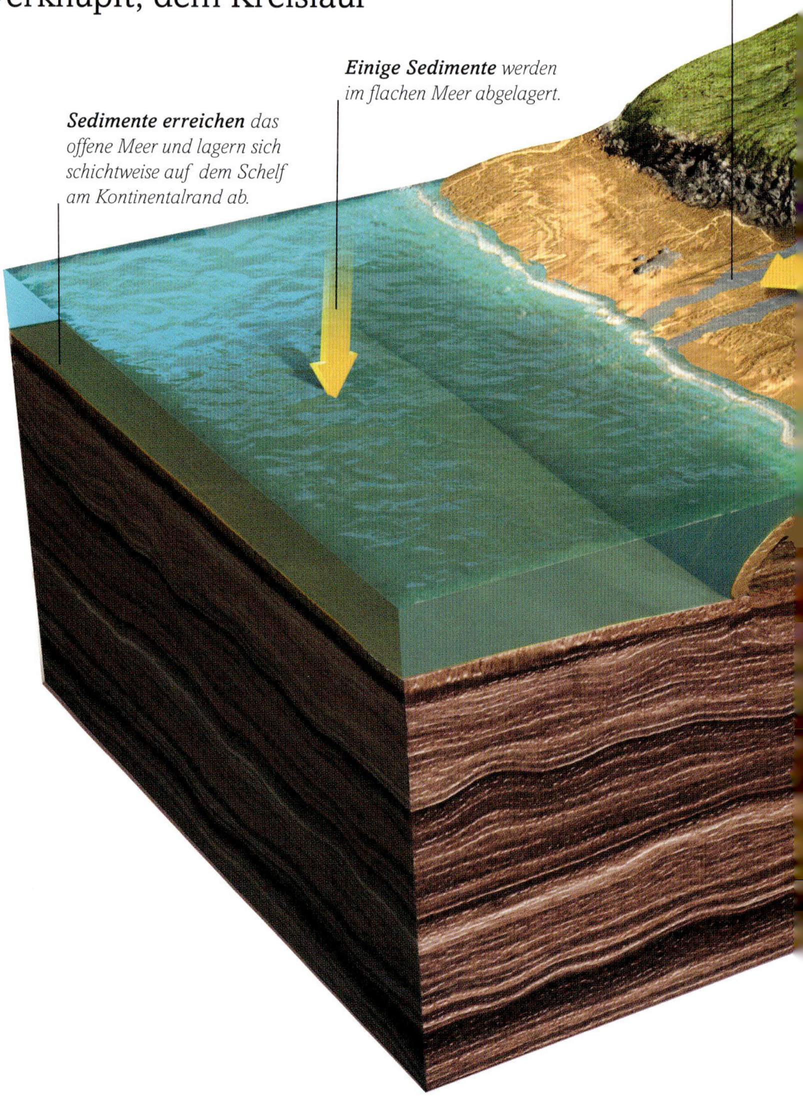

Kreislauf der Gesteine

Die Erde recycelt immer wieder ihre eigenen Gesteine. Mineralkörner werden aus dem Gestein herausgelöst und an anderer Stelle abgelagert, wo sie Sedimentgesteine bilden. Druck und Hitze in der Erdkruste verändern Minerale zu metamorphen Gesteinen. Wenn Gesteine schmelzen, kristallisieren Minerale zu neuen magmatischen Gesteinen.

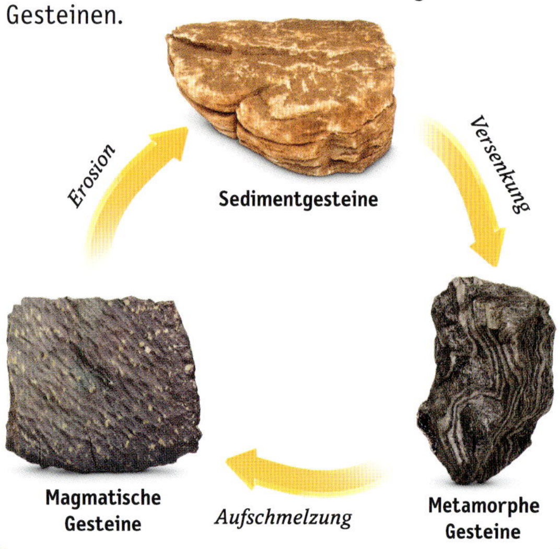

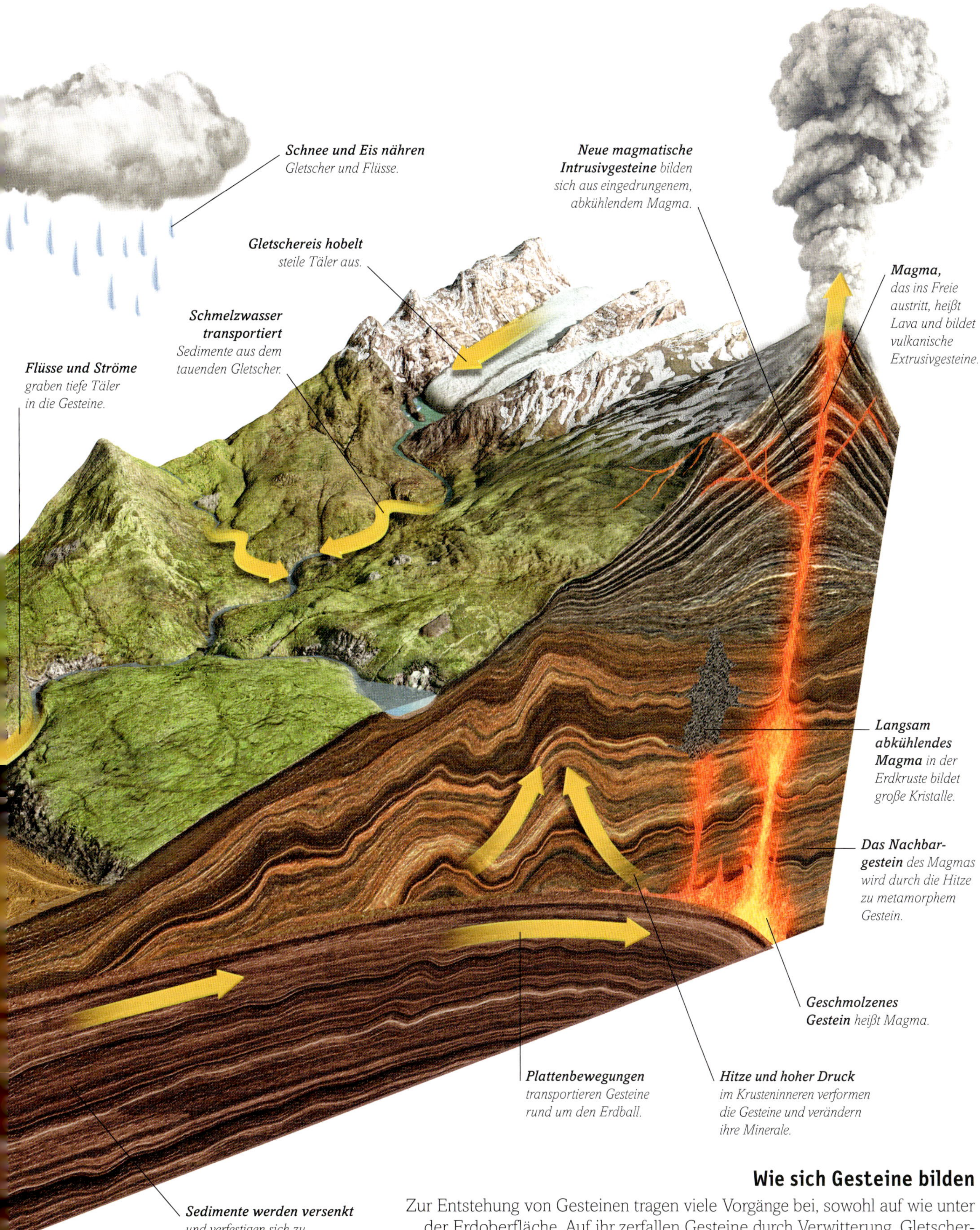

Wie sich Gesteine bilden

Zur Entstehung von Gesteinen tragen viele Vorgänge bei, sowohl auf wie unter der Erdoberfläche. Auf ihr zerfallen Gesteine durch Verwitterung, Gletscherschliff und Wassererosion, aber auch durch Winderosion, wenn lufttransportierter Sand Felsen abschleift. Kleinste Sedimentpartikel wie Schlamm bilden sich am See- oder Meeresboden sowie an Stränden. Im Inneren der Erdkruste und im Mantel werden unter hohem Druck und Hitze magmatische und Sedimentgesteine zu metamorphen Gesteinen umgewandelt. Magma, das in Vulkanen ausbricht, bildet an der Oberfläche Vulkangesteine.

Gesteine

Gesteine

Ein Gestein ist ein natürlich vorkommendes Material, das aus einem oder mehreren Mineralen besteht. Manche Gesteine sind auch aus anderen Stoffen aufgebaut, etwa aus umgewandelten Pflanzen, z. B. Kohle. Man unterscheidet drei große Familien von Gesteinen – magmatische, sedimentäre und metamorphe Gesteine – und jede dieser Familien gliedert sich wiederum in Gruppen und Unterarten, je nach ihrer Mineralzusammensetzung und Struktur.

Kristallgröße ›
Das auffälligste Merkmal von Pegmatiten ist die enorme Größe ihrer Kristalle.

Entstehung › Pegmatite kristallisierten in Klüften aus, die im Endstadium der Erstarrung von Magma entstehen. Sie enthalten besonders große Kristalle und Minerale, die sich nur sehr selten in anderen Gesteinen finden lassen.

Gesteinsfamilien

Magmatische Gesteine
• Sie bestehen aus geschmolzenem Gestein (Magma), das im Untergrund oder an der Erdoberfläche (als Lava) erstarrt.

Sedimengesteine
• Sie bilden sich aus Gesteinsbruchstücken, die durch Wasser, Eis oder Wind transportiert und abgelagert werden.

Metamorphe Gesteine
• Sie entstehen aus bereits vorhandenen Gesteinen, wenn großer Druck und Hitze die Minerale dieser Gesteine umwandeln.

GESTEINE IN DER LANDSCHAFT

Devil's Tower („Teufelsturm"), Wyoming (USA)
In einem Vulkanschlot erstarrte Lavasäule, die allmählich durch Erosion freigelegt wurde.

Grand Canyon, Arizona (USA)
Der Fluss Colorado hat hier eine 1600 m tiefe Schlucht in Sedimentgesteine geschnitten.

Taigh Bhuirgh, Harris (Schottland)
Gneis, ein metamorphes Gestein, besteht aus vielen einzelnen, verschiedenfarbigen Mineralbändern.

Magmatische Gesteine

Granodiorit

Kaliumfeldspat ist rosa gefärbt.

Kimberlit

Diamant, eingebettet im Gestein

Granit

Das Salz-und-Pfeffer-Muster kommt vom weißen Feldspat und schwarzen Biotit, einem Glimmer.

Pyroxenit

Grobkörniges, dunkles Gestein

Peridotit

Grüner Peridotit auf vulkanischem Gestein

Dunit

Gelbgrünes Gestein, wichtiges Erzmineral für Chrom

Tief im Erdinneren ist es so heiß, dass Gesteine schmelzen. Mit Temperaturen von 1250 °C bricht sich rotglühendes, zähflüssiges Magma seinen Weg entlang von Rissen und Spalten durch die feste Kruste nach oben.

Magmatische Intrusivgesteine entstehen, wenn Magma in der Erdkruste sehr langsam abkühlt. Unter extremem Druck kristallisiert es aus und erstarrt zu festem Gestein. Die verzahnten Minerale machen es sehr zäh und beständig. Intrusivgesteine haben größere Kristalle als Extrusivgesteine, weil

Intrusivgesteine heißen **Plutonite**, nach Pluto, dem römischen Gott der Unterwelt.

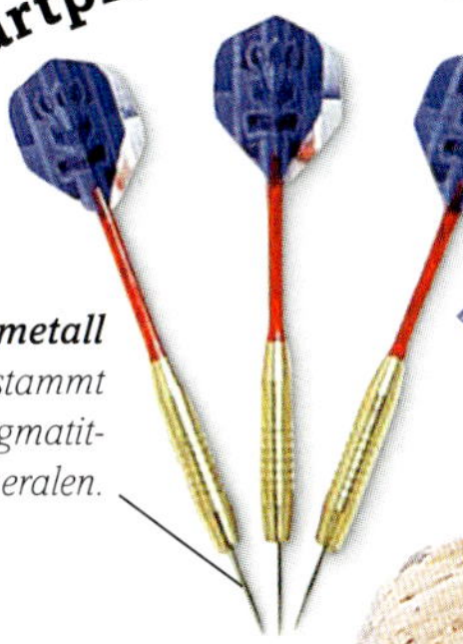

sie langsamer abkühlen und die Kristalle mehr Zeit haben zu wachsen. Grobkörniger **Granit** ist das häufigste Intrusivgestein. **Pegmatit**, eine Quelle für seltene Metalle und Edelsteine, besitzt die größten Kristalle aller Gesteine. **Porphyr** entsteht, wenn große, langsam wachsende Kristalle schnell erkalten und dabei in kleinkörnige Kristallmasse eingebettet werden. Manchmal bilden Gesteinsklumpen aus dem Erdmantel magmatische Intrusivgesteine. Solche **Pyroxenite**, **Dunite** und **Peridotite** beinhalten große Anteile des Minerals Olivin, **Kimberlite** können Diamanten enthalten.

Granit

Granit mit Turmalinkristall

Großer Turmalinkristall

Keine zwei **Granitplatten** sind **gleich**, keine Küchenarbeitsplatte ähnelt der anderen.

Rosafarbener Granit

Kaliumfeldspat *gibt Gesteinen einen rosa Farbton.*

Bearbeiteter Granit

Seine Härte *macht Granit schwer zu bearbeiten.*

Bronzezeitlicher Axtkopf

Eine Granitaxt *ist ein mächtiges Werkzeug.*

Figur des Horusfalken

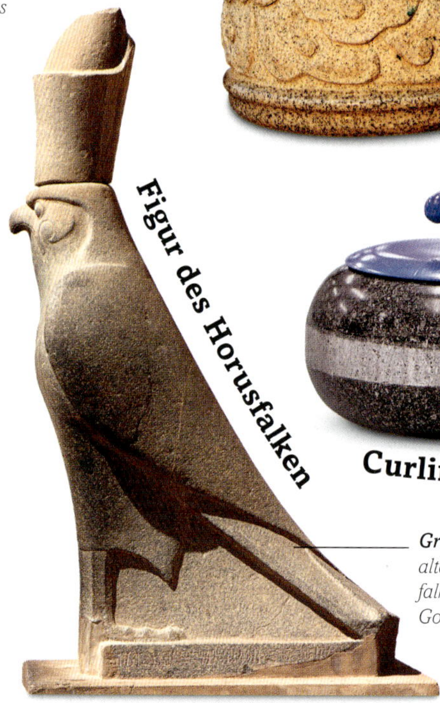

Granitfigur *des altägyptischen falkenköpfigen Gottes Horus*

Curlingstein

Traditionelle Anfertigung *aus Granit von Ailsa Craig (Schottland)*

DER DONNERSTEIN

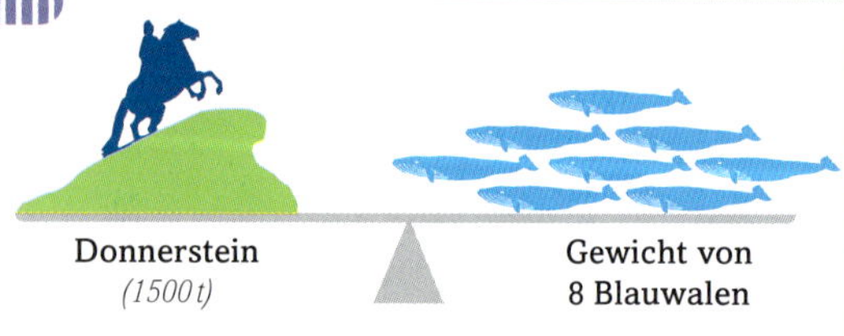

Felsriese

Der Donnerstein dient als Granitsockel für eine bronzene Reiterstatue in Sankt Petersburg (Russland). Mit seinem Gewicht von 1500 t wiegt er so viel wie 8 Blauwale. Es wird vermutet, dass er der schwerste bisher von Menschen bewegte Fels ist.

Granit ist eines der Standardgesteine der Erdkruste. Der tragende Untergrund der Kontinente besteht fast durchgehend aus diesem grobkörnigen magmatischen Intrusivgestein. Granit macht 70 Prozent der Erdkrustengesteine aus.

Granit steht für Festigkeit und Haltbarkeit. Er ist das häufigste Intrusivgestein auf der Erde und kristallisiert sehr langsam aus silikatreichem Magma, das oft in riesigen Massen tief in die Kruste eindringt. Solche Gesteinskörper nennt man Batholithe. Wenn das von ihnen verdrängte

***Errichtet aus** Cheesewing-Granit aus Cornwall (England)*

Tower Bridge (London)

***Polierte Platten** für Bodenfließen und Küchenarbeitsplatten*

Granitplatten

***Granitfigur,** ca. 1250 v. Chr.*

Büste von Ramses II.

***Schwarze Flecken** aus Hornblende sorgen für ein gesprenkeltes Muster.*

Hornblende-Granit

Granitporphyr

***Großer Plagioklas** (Feldspatkristall)*

***Granit** bildet oft ausgeprägte Felstürme.*

Trégastel (Frankreich)

Mount Rushmore (USA)

***Alle vier Köpfe** der ehemaligen US-Präsidenten, jeder 20 m hoch, wurden aus dem harten Granit herausgemeißelt.*

Gestein erodiert, kommen oft hohe Granitgebilde zum Vorschein. **Trégastel** (Frankreich) und **Mount Rushmore** (USA) sind berühmte Beispiele. Granit besteht aus den drei Hauptmineralen Quarz, Feldspat und Glimmer. Je nach Feldspat- bzw. Glimmerart ist der Granit weiß, grau, grün oder rosafarben gesprenkelt. Als polierter Werkstein blinken seine großen Kristalle in Fassaden und Bodenplatten. Der unverwüstliche Stein wird auch für **Steinwerkzeuge**, **Statuen** und **Büsten** verwendet. In rauer Ausführung liefert er zudem Pflaster- und Bordsteine.

Vulkanische Gesteine

Trachyt

Tuff

Schneeflocken-Obsidian

Luftgefüllte Hohlräume machen Bimsstein so leicht, dass er **auf Wasser schwimmt.**

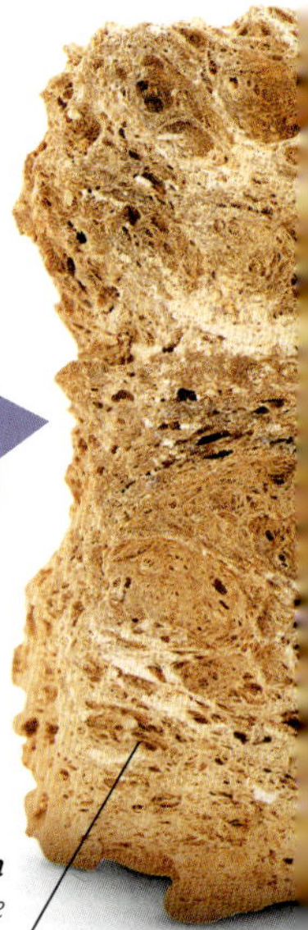

Vulkanische Gesteine, auch Extrusivgesteine genannt, entstehen aus rund 1200 °C heißen Magmaschmelzen. Die darin gelösten Gase lassen die Lava vieler Vulkane explosiv ausbrechen, aus anderen aber ruhig ausfließen.

Vulkangesteine bilden sich, wenn austretende Lava abkühlt und erstarrt. Weil sie schnell abkühlt, haben ihre Minerale keine Zeit zu wachsen und bleiben kleinkörnig. **Basalt**, **Andesit** und **Trachyt** sind die häufigsten Vulkangesteine der Erde. Ihre extrem zähflüssige Lava macht

Pele-Haar

Geschmolzene Lava, vom Wind zu langen dünnen Fäden ausgezogen

Vulkan Fuji (Japan)

Hauptgestein des Fuji ist Andesit.

Andesit

Heller Kristall

Basalt

Enthält viel Eisen und Magnesium

Rhyolith

Seltene rosafarbene Bänderung

Bimsstein

Brotkrustenbombe

Harte Kruste wie bei einem Brotlaib

Obsidian

Pfeilspitze

Die Pfeilspitze aus Obsidian ist schärfer als Stahl.

HEFTIGSTE ERUPTIONEN

Yellowstone (USA), vor 640 000 Jahren
Dieser gewaltige Ausbruch stieß 2500-mal so viel Asche aus wie der Mount St. Helens.

Tambora (Indonesien), 1815
Die größte Vulkaneruption in geschichtlicher Zeit löste weltweit ein Jahr ohne Sommer aus.

Pinatubo (Philippinen), 1991
Zweitstärkste Vulkaneruption des 20. Jh. Viele Menschen konnten rechtzeitig evakuiert werden.

Krakatau (Indonesien), 1883
Ausbruch mit dem lautesten je gehörten Knall. In den ausgelösten Tsunamis ertranken zahllose Menschen.

Mount St. Helens (USA), 1980
Tödlichste Vulkankatastrophe in der Geschichte der USA. Es wurde der halbe Vulkankegel weggesprengt.

Rhyolith-Vulkane sehr explosiv und gefährlich. Die meisten Laven bestehen aus Silikatmineralen wie Feldspat, Olivin, Amphibol, Glimmer und Quarz. **Tuff** entsteht aus sich verfestigender vulkanischer Asche, wenn die heißen Teilchen miteinander verschmelzen. Schwarzer **Obsidian**, vulkanisches Glas, bildet durch rasches Abkühlen keine Kristalle. Manchmal schleudert der Vulkan große Lavabrocken, sogenannte **Bomben** heraus. Gase blähen **Bimsstein** mit Gasblasen auf und **Pele-Haar** (nach einer Feuergöttin) sind lange dünne Lavafäden, die der Wind langzieht.

Basalt

Lavasee

Basaltvulkan (Hawaii)

Kalender-Stein, *3,5 m breit, von Azteken im alten Mexiko geschaffen*

Aus einem Basaltblock gemeißelte *Skulptur mit einem Gewicht von 24 t*

Sonnenstein

Vesikulär-Basalt

Hohlräume *sind durch Gasblasen beim Abkühlen entstanden.*

Aa-Lava

Leichter, zerklüfteter Brocken

Alte Steinaxt

ARTEN VON LAVA

Wenn Vulkane explodieren, stoßen sie Lava als feine Asche aus oder als rotglühenden Lavastrom. Lava kann verschiedene Formen annehmen.

Aa-Lava *Dickflüssige Aa-Lava ist zäh und erstarrt zu zerklüfteten blockigen Oberflächen, die kaum begehbare Lavafelder bilden.*

Pahoehoe-Lava *Sehr heiße dünnflüssige Lava dieses Typs fließt wie heißes Öl. Beim Abkühlen bildet die Oberfläche eine faltige Haut.*

Pillow-Lava *Basaltlava, die ins Meer fließt, wird oberflächlich abgeschreckt und zieht sich zu „Kissen“ (pillows) zusammen.*

Steinfigur der Maya

Rätselhafte Pilzfigur *von den Maya Mittelamerikas, über 1000 Jahre alt*

Mandelstein-Basalt

Gasblasen, *die sich später mit Mineralen wie Quarz oder Kalzit gefüllt haben*

Basalt ist ein dunkles, sehr feinkörniges Vulkangestein und das häufigste Extrusionsgestein der Erde. Es fließt langsam aus untermeerischen Spalten an Mittelozeanischen Rücken und bildet den Großteil der Gesteine der Erdkruste.

Obwohl die meisten **Basaltvulkane** der Erde unter dem Meer ausbrechen, gibt es auch einige an Land. So bestehen die Schildvulkane auf Hawaii und im Ostafrikanischen Grabensystem aus Basalt und fördern riesige Mengen dieser Lava. Lange währende Lavaausbrüche in Zentral-

Lavabombe aus Basalt

Eisenhaltige Minerale im Basalt, durch Oxidation rot gefärbt

Hawaiianisches Beil

Geschliffene Basaltklinge *eines modernen Werkzeugs für die Holzbearbeitung*

Tempel der Ellora-Höhlen (Indien)

Tempelanlage *aus Basalt*

Kopf des Jarim-Lim

Aus Basalt gehauene Büste *des einstigen Perserkönigs (1785 v. Chr.)*

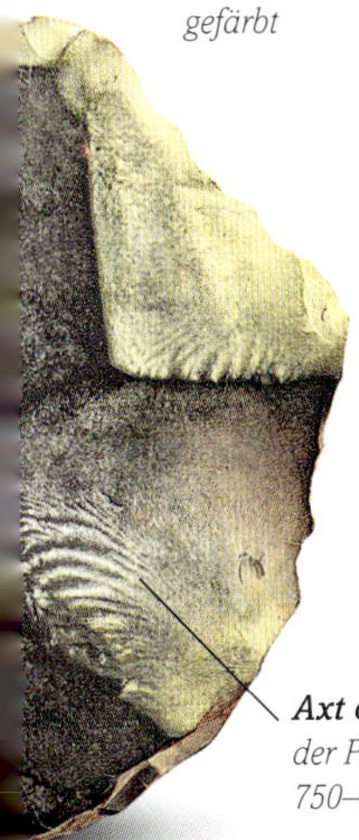

Axt oder Grabwerkzeug *aus der Pueblo-Kultur (südliche USA, 750–900 n. Chr.)*

Die **höchsten Basaltsäulen** im Giant's Causeway sind **12 m hoch.**

Giant's Causeway (Nordirland)

Das größte Lavafeld in Europa, *der Giant's Causeway („Weg des Riesen"), besteht aus 40 000 Basaltsäulen.*

Mondbasalt

„Mare-Basalt", *vom Mond mitgebracht*

indien bedeckten 1,5 km² des Landes mit einer 2 km dicken Basaltlage. In **Ellora** (Indien) wurden 34 majestätische Tempel und Klöster aus einem einzigen Lavastrom herausgehauen. Basaltvulkane bringen verschiedene Lavatypen hervor (siehe Kasten links), wie z. B. **Aa-Lava**, blasenhaltigen **vesikulären Basalt** oder **Lavabomben**. An Land bildet Basalt manchmal sechseckige Säulen wie beim **Giant's Causeway** in Nordirland. Die dunklen Flecken auf dem Mond sind aus **Mondbasalt** – die Lavafelder entstanden erst, nachdem der Mond sich von der Erde abgetrennt hatte.

WÜTENDE ERDE Der Kilauea-Vulkan auf Hawaii schleudert wie in einem Wutanfall rot glühende Lavafetzen aus seinem feurigen Zentralkrater. Der Sage nach ist der Vulkan der Wohnsitz der Feuergöttin Pele. Der Kilauea ist einer der aktivsten Vulkane der Erde – seit 1983 bricht er ständig aus. Seine heiße Lava ist dünnflüssig und fließt häufig aus dem Kraterrand sowie aus vielen Nebenkratern in einem Lavastrom ins nahe Meer.

Vulkane sind ein wesentlicher Teil des Gesteinskreislaufs der Erde. Gespeist durch Magmakammern tief in der Erdkruste schmelzen sie wie „Recyclingmaschinen" alte Gesteine auf, aus denen neue magmatische Gesteine entstehen. Viele Vulkane besetzen die Ränder tektonischer Platten, wo diese sich gegeneinander reiben und Gesteine aufschmelzen.

Die hawaiianischen Vulkane hingegen sitzen inmitten der Pazifischen Platte. Die Platte wandert über einen ortsfesten „Hotspot", einen Magmapilz aus dem Mantel, hinweg. Der Kilauea begann vor 300 000–600 000 Jahren zu fördern, zuerst untermeerisch, bis er zu einem Berg heranwuchs und vor etwa 50 000 Jahren zur Insel wurde.

Metamorphe Gesteine

Granitband

Migmatit

Feinkörnige Struktur

Tonschiefer

Gestein mit Schlangenhautstruktur

Serpentinit

Amphibolit

Grobe Gesteinsstruktur

Spaltet sich sehr leicht in dünne Platten

Schieferdach

Marmor

Verzahnte Kalzitkristalle

Helle und dunkle Bänder wechseln sich ab.

Gneis

Rote Granatkristalle

Skarn

Dunkles Mineralband

Die Erde ist keineswegs ruhig und friedlich. Ihre Kruste ist in ständigem Umbruch – sie erneuert sich in einem fort. Alle Gesteine in diesem Mahlwerk werden so lange gequetscht und erhitzt, bis sie zu neuen metamorphen Gesteinen werden.

Metamorphe Gesteine sind „Gestaltwandler“ – entstanden in der Kruste aus magmatischen und sedimentären Gesteinen durch Hitze und hohen Druck. Durch Krustenbewegungen baut sich Druck auf, der auf die Minerale im Gestein einwirkt, sie flach drückt und in Lagen zwingt.

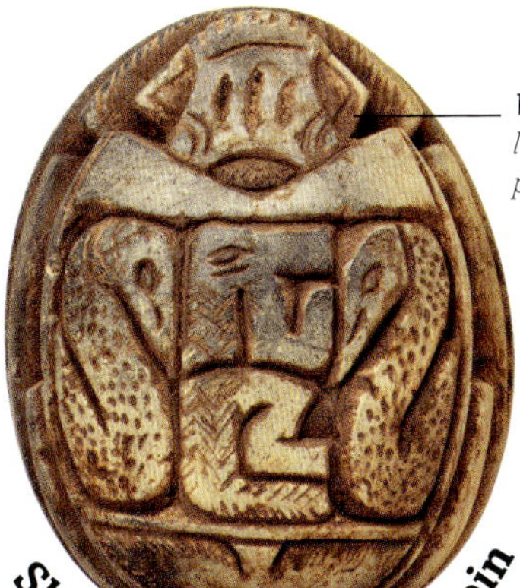

Weicher Speckstein *lässt sich schnitzen und polieren.*

Skarabäus aus Speckstein

Besteht *großteils aus dem weichen Mineral Talk*

Speckstein

Hohlraum – *hier verdampfte Sand bei einem Blitzeinschlag.*

Fulgurit

Metaquarzit

Enthält *über 90 Prozent Quarz.*

Rekristallisation *der Minerale erzeugt Wellenmuster.*

Mylonit

Ein **Fulgurit** ist ein im Stein bei etwa 1800 °C **„eingefrorener Blitz“.**

Teilweise *geschmolzener Sand*

Eklogit

Glimmerschiefer

Die silbrige Farbe *stammt von hellen Muskovitglimmern.*

So entsteht aus Ton allmählich **Tonschiefer**. Dessen Minerale liegen wie in einem Buch Seite um Seite übereinander und lassen sich leicht aufspalten. Höherer Druck führt zu neuen Mineralarten, z. B. zu hellen Glimmern, deren Bänder **Gneis** durchziehen. **Migmatite** enthalten kristallisierte Bänder aus Granit, während **Eklogite** roten Granat beinhalten, der bei extrem hohem Druck und großer Hitze entsteht. Unter hohem Druck bilden sich auch **Glimmerschiefer** mit parallel angeordneten glitzernden Glimmermineralen.

Marmor

Grüner Marmor

Die grüne Farbe stammt von dem Mineral Serpentin.

Marmorsäulen an der Kirchenfassade von San Michele in Lucca (Italien)

San Michele in Foro (Italien)

Marmor besteht aus grobkörnigen Kristallen.

Weißer Marmor

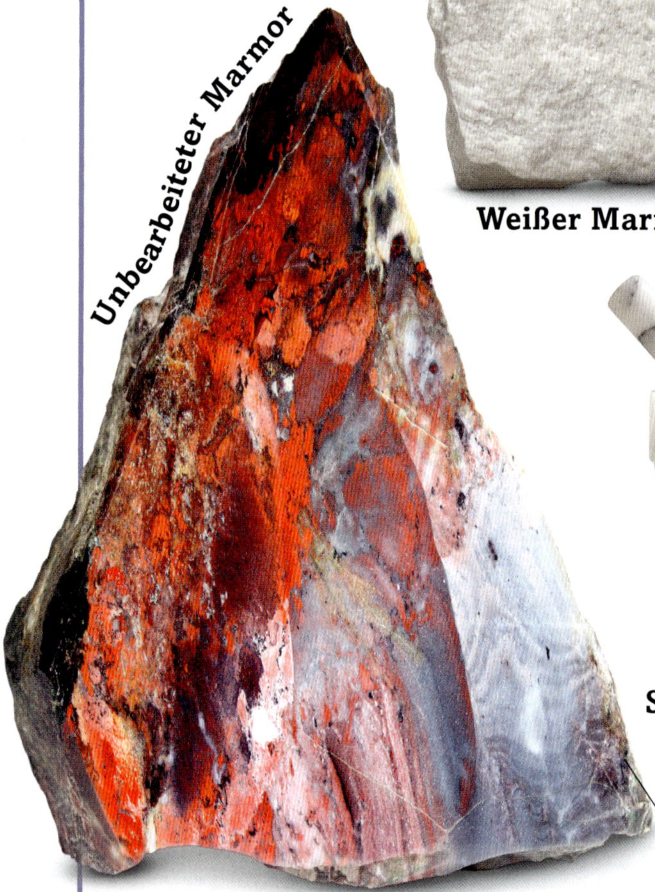

Unbearbeiteter Marmor

Polierter Marmor besitzt ein wächsernes Aussehen.

Tonmineral-Adern des einstigen Kalksteins

Stößel und Mörser aus Marmor

Statue des David

Die Statue ist aus einem einzigen Marmorblock gehauen.

Michelangelos David ist eine **kolossale** Figur von **5,17 m Höhe.**

Marmor ist ein metamorphes Gestein. Der ursprünglich sedimentäre Kalkstein oder Dolomit wurde unter starkem Druck und Hitze umgewandelt. Er ist härter, als er aussieht, und der beliebteste Werkstein von Bildhauern und Architekten.

Die Zähigkeit und Schönheit von Marmor leiten sich von seiner Metamorphose ab. Geraten Karbonatgesteine wie Kalkstein oder Dolomit unter hohen Druck und Hitze, wandeln sich die Kalzitminerale um. Es entstehen verzahnte Kristalle, die das Licht streuen und den Marmor cremig ausse-

Cipollinomarmor

Adern aus *Epidot- und Chloritmineralen*

Lasurit in Marmor

Halbedelstein Lapislazuli, *in Marmor eingebettet*

Travertin

Zarte Mineralbändchen

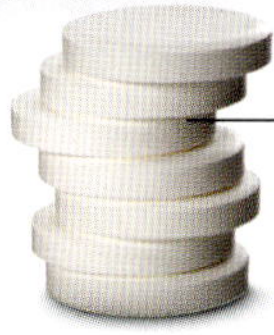

Kalziumkarbonat *kommt im Marmor wie in Magentabletten vor, die die Magensäure abschwächen.*

Säurestopper-tabletten

Marmorsäule

Marmorsäulen *waren ein beliebtes Element in der klassischen griechischen Architektur.*

Schachfigur

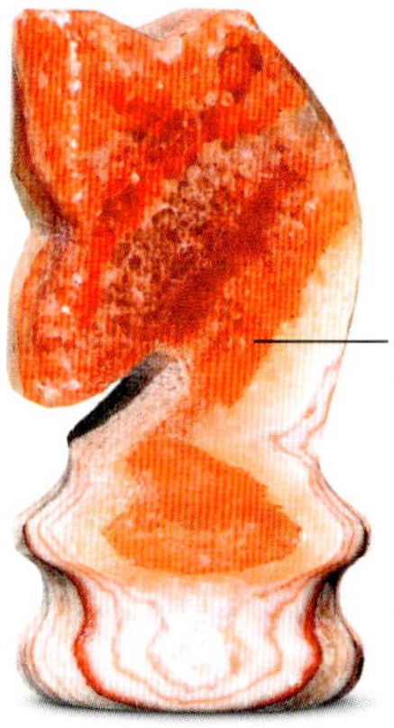

So gebänderter Kalzit *wird Onyxmarmor genannt, auch wenn es kein richtiger Marmor ist.*

Gesteine mit mineral-verfüllten Rissen *nennt man Brekzien.*

Marmorbrekzie

Fassadenverkleidung *aus weißem Marmor*

Tadsch Mahal (Indien)

GROSSARTIGER MARMOR

Kuppel des Tadsch Mahal

Statue von Christus dem Erlöser

Mächtige Kuppel

Das Tadsch Mahal in Indien ist das eindrucksvollste Marmorgebäude der Welt. Mit 35 m Höhe ist die Marmorkuppel fast so hoch wie die Statue von Christus dem Erlöser, die sich über die Hügel von Río de Janeiro (Brasilien) erhebt.

hen lassen. Die klassische Farbe des Marmors ist **weiß**, häufig durchzogen mit dünnen schwarzen Äderchen wie bei diesem **Mörser**. Der italienische Bildhauer Michelangelo (1475–1564) liebte Marmor aus Carrara, aus dem er den berühmten **David** schuf. Marmor gibt es in vielen Farben und Mustern. **Cippollinomarmor** (cipolla ist italienisch und heißt Zwiebel) enthält Streifen- und Wellenmuster aus Dunkelmineralen. **Travertinmarmor** ist ursprünglich ein Kalkstein, der an heißen Quellen „wächst", und **Marmorbrekzie** ist zerbrochener und erneut verheilter Marmor.

Sedimentgesteine

Brekzien finden sich häufig entlang von **Bruchflächen.**

GESTEINE DER ERDOBERFLÄCHE

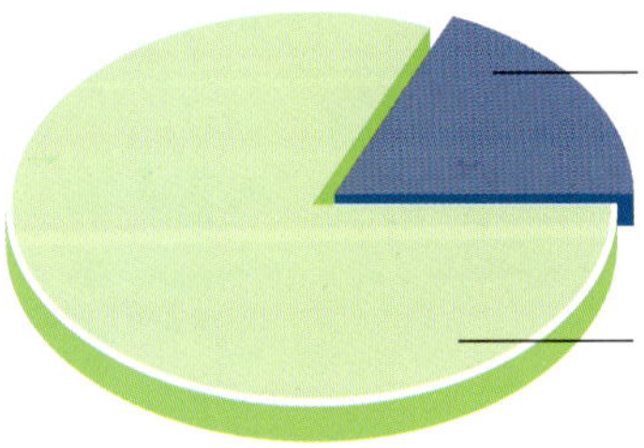

Im Übermaß
Ungefähr 80 Prozent der Erdoberfläche bestehen aus Sedimenten. Gleichwohl ist es eine sehr dünne „Haut", die nicht einmal ein Zehntel der Erdkruste ausmacht.

Regen und Wind lösen aus Gesteinen kleine Körner. Sie werden von Bächen und Flüssen weggeschwemmt und als Sedimente am Grund von Seen und Meeren abgesetzt. Im Laufe der Zeit verfestigen mineralhaltige Lösungen die Körner zu Sedimentgesteinen.

Sandsteine bestehen oft aus kleinen harten Quarzkörnern. Diese verleihen dem Sandstein seine Härte. Alle Mineralkörner nutzen sich beim Transport ab – je weiter der Weg, desto kleiner werden sie, und die Ecken und Kanten der Körner werden immer runder. **Brekzien**

Gritstone

Mittel- bis grob- ***körniger*** *Sand mit Kies*

Konglomerat

Große, zementierte *Gerölle mit Kies*

Schluffstein

In diesem harten Gestein ist ***keine Schichtung erkennbar.***

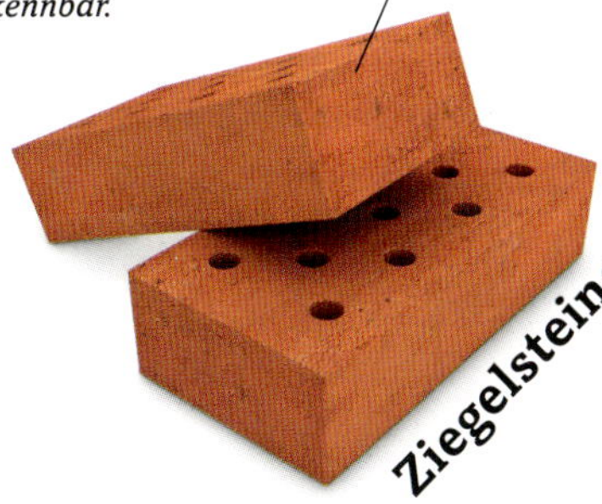

Ziegelsteine

Ziegelsteine *werden aus Lehm oder Ton gebrannt.*

Tonstein

Feinkörniges Sedimentgestein

Spektakuläres Gebilde *von 36 Konglomeratfelsen im Northern Territory in Australien*

Kata-Tjuta-Felsen (Australien)

Sedimentgesteine

bestehen aus verfestigten Bruchstücken anderer Gesteine, mit eckigen und scharfkantigen Korngrenzen. Grobkörniger **Gritstone** ist eine für seine Härte bekannte Sandsteinart – früher wurde er für Mühl- und Schleifsteine verwendet. **Schluffstein**, **Schieferton** und **Tonstein** bestehen aus feinsten Mineralkörnern, die man zum Teil nur unter dem Mikroskop sehen kann. **Konglomerate**, wie das oben gezeigte, enthalten die größten Körner, Gerölle genannt. Konglomerate nennt man im Alpenvorland auch **„Nagelfluh“.**

Kalksteinbrekzie

Graue, siliziumreiche Bruchstücke

Kalksteintuff

Ungewöhnliche Formen entstehen, wenn Wasser verdunstet.

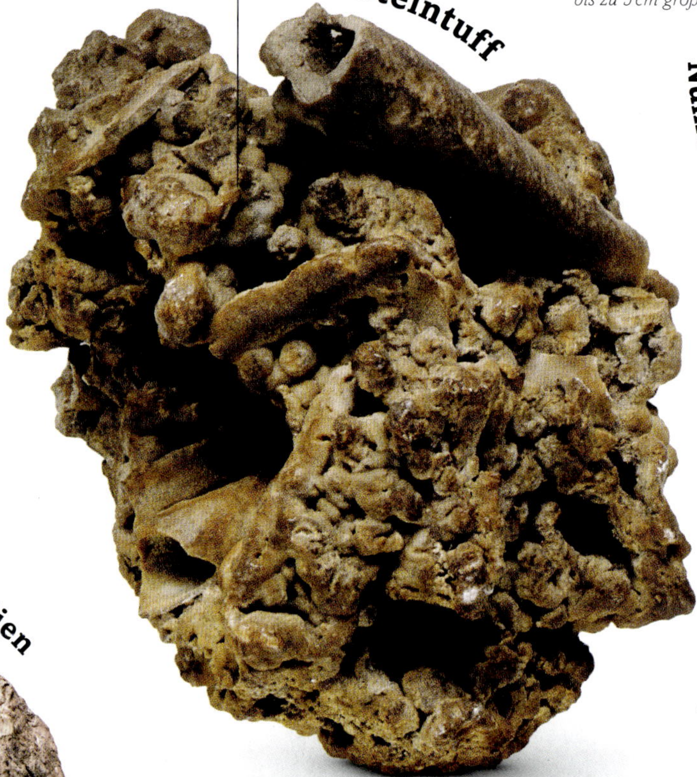

Nummulitenkalkstein

Fossile Nummuliten, *bis zu 5 cm groß*

Kalkstein mit Fossilien

Fossile Muschel *in Kalkstein*

Weiche, weiße *pulverige Struktur*

Schreibkreide

Schreibkreiden *bestehen aus Gips, früher wurden sie jedoch aus Kalk gemacht.*

Mergel

Kalkstein *vermengt mit Tonstein*

Sphinx (Ägypten)

Die große Sphinx in Giseh (Ägypten), *in einer Gegend voller Kalkstein und Mergel.*

Die rote Farbe *kommt vom Hämatit.*

Roter Kreidekalk

Klastische Sedimentgesteine bestehen aus Bruchstücken abgetragener Gesteine. Manche **Kalksteine** enthalten Fossilien, etwa Reste von Muschelschalen und Korallen, und sind begehrte Naturwerksteine. An heißen Quellen und Geysiren setzen sich bizarr geformte **Kalktuffe** ab.

Nummulitenkalksteine enthalten kleine rundliche Fossilschalen von sogenannten Nummuliten (Einzeller). Manche Sedimentgesteine bestehen fast vollständig aus Fossilien, wie z. B. **Kreidekalke** aus mikroskopisch kleinen Coccolithen (Resten von Algen). Trotz ihrer geringen Größe

bauen diese Algenreste große weiße Küstenkliffe auf, z. B. auf Rügen. In warmen Tropenmeeren rollt die Brandung Kalziumkarbonat zu kleinen Kügelchen, **pisolithischer Kalkstein**. **Konkretionen** sind runde Knollen, die durch im Gestein zirkulierende Lösungen entstehen und dort den Zement ersetzen, der das Gestein zusammenhält. Chemische Sedimente entstehen, wenn gelöste Stoffe im Wasser ausgefällt werden, z. B. eisenreiche rote Bänder in **Bändererz**. **Feuerstein** bildet harte Knollen mit scharfkantigem Bruch, der in der Steinzeit als Material für Werkzeuge diente.

Sandstein

Sandstein

Rote Farbe *durch Eisenoxid*

Roter Sandstein

Gerundete Körner

Wüstensandstein

Verfestigter, *vom Wind angewehter Sand*

Buddhastatue

Der „viergesichtige Buddha“ *steht in Phnom Penh (Kambodscha).*

Elefantenstatue

Elefanten aus Sandstein *bewachen den Eingang des Nathmalji-ki-Haveli-Palasts (Indien).*

Grünsandstein

Die grüne Farbe *stammt vom Mineral Glaukonit.*

Gelbsandstein

Die gelbe Farbe *kommt von dem Gemenge aus klarem Quarz und Goethit.*

Dose aus Gelbsandstein

Traditionelle Sandsteindose *aus Jaisalmer (Indien)*

Ein Haufen Sand ist noch lange kein Sedimentgestein. Dieses bildet sich erst, wenn die einzelnen Sandkörner durch mineralischen Zement wie Siliziumoxid oder Kalzit verkittet werden. Typische Sandsteinfarben sind hellbraun, graubraun oder gelb.

Sandsteine bestehen aus Mineralbruchstücken anderer Gesteine, meistens Quarz und Feldspat. Die Zementart hat großen Einfluss auf die Farbe des Sandsteins – **roter Sandsteinzement** enthält Eisenoxid, **Grünsandsteine** enthalten grünen Glaukonit, ein Glimmer.

Reibsteinset aus Sandstein

Sandsteinreibplatte *und Reibstein zum Kornmahlen*

Hawa Mahal (Indien)

„Palast der Winde" *in Jaipur (Indien), gebaut aus rotem und rosafarbenem Sandstein.*

Statue eines ägyptischen Priesters

Sandsteinstatue, *aus einem Stück gehauen (ca. 1100 v. Chr.)*

Lithischer Sandstein

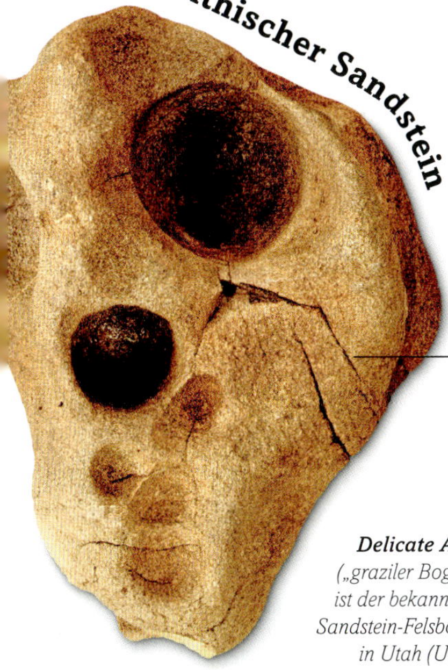

Kleine Korngröße

Kalkarenit

Sandkorngroße Körner

Arches Nationalpark (USA)

Delicate Arch *(„graziler Bogen") ist der bekannteste Sandstein-Felsbogen in Utah (USA).*

Der **längste Felsbogen** im Park überbrückt **88 m.**

Wüstensandstein kann grob- bis feinkörnig sein, während **lithischer Sandstein** viele unterschiedlich große Gesteinsbruchstücke enthält. **Kalkarenit** ist ein Kalksandstein aus Karbonatkörnern. Sandsteine lassen sich gut bearbeiten und werden deshalb oft für Ornament- und Dekorobjekte an Gebäuden und auch für Statuen genutzt. Am häufigsten kommen Sandsteine wohl als Baustein zum Einsatz. Eines der stattlichsten Gebäude der Welt, das **Hawa Mahal** in Jaipur (Indien), ist aus Sandstein gebaut.

REGENBOGEN-BERGE

Diese wie eine Zuckerstange gestreiften Berge wirken wie eine optische Täuschung – doch sie bestehen aus echtem Sandstein, und zwar aus blaugrauen, rosafarbenen, weinroten und zitronengelben Gesteinsschichten. Sie gehören zu einer der spektakulärsten Landschaften Chinas, dem Zhangye-Danxia-Geopark in der Provinz Gansu im Nordwesten des Landes.

Die Sandsteine von Gansu kamen vor etwa 80 Mio. Jahren zur Ablagerung. Ursprünglich hatten die Sedimente in Flussbetten und Seen waagerechte Schichten gebildet – eine über der anderen. Dann begannen große Umwälzungen: Von Süden her driftete der Subkontinent Indien heran. Er stieß mit der Eurasischen Platte zusammen und verformte dabei die Erdkruste, der Himalaja wurde aufgefaltet. Vor rund 23 Mio. Jahren wurden auch diese Sandsteinlagen erfasst und schräg gestellt. Regenwasser erodierte sie und schuf steile Täler. Die Verwitterung hatte unterschiedliche Auswirkungen auf die verschiedenen Mineralarten und schuf diese einzigartige bunte Landschaft.

Gesteine aus dem Weltall

Hoba-Meteorit

Dieser massige Eisenbrocken schlug vor 80 000 Jahren in Namibia ein.

Eisenmeteorit

Kreuzschraffur aus Mineralen auf einem Eisen-Nickel-Kristall

Eisen-Nickel-Legierung, sehr verwitterungsstabil

Mars-Meteorit

Meteorit vom Mars, Einschlag vor rund 13 000 Jahren

Achondrit

Gestein von einem Asteroiden

Polierter Tektit

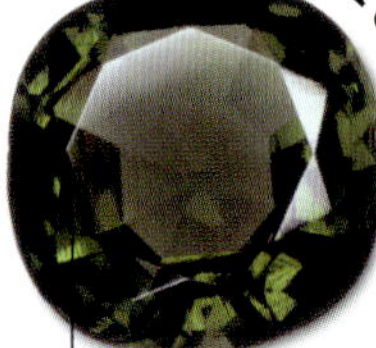

Grüner Moldavit, gebildet durch Meteoriteneinschlag

Tektite

Entstanden durch einen großen Meteoriteneinschlag auf der Erde

Meteoritring

Geschliffener Meteorit als Schmuckstück

Steineisenmeteorit

In einer klaren Nacht kannst du am Himmel Sternschnuppen sehen. Täglich stürzen über 100 t Staub und Gesteinsbrocken aus dem All auf die Erde. Auf ihrem Flug heizen sie sich in der Atmosphäre auf und verglühen meist in einem Lichtstreif.

Manche Brocken durchfliegen als Meteoroide die Erdatmosphäre und verglühen in einem Lichtstreif als **Meteor**. Erreichen sie die Erde, nennt man sie dort **Meteorite**. Davon gibt es drei Arten: **Eisen-**, **Steineisen-** und **Steinmeteoriten**. Erstere bestehen fast vollständig

Chondrit

Rundliche Silikatkörner

Mondgestein

Gesteinsbruchstück, *durch Meteoritenbeschuss aus der Mondoberfläche herausgeschlagen*

Meteorschauer

Meteorschauer leuchten auf, *wenn die Staubwolke eines vorbeifliegenden Kometen in die Erdatmosphäre eintritt.*

Statue „Iron Man"

Statue, *gehauen aus dem Chinga-Meteoriten, der vor etwa 15 000 Jahren die Erde traf*

Graue Eisen-Nickel-Grundmasse

Die meisten **Meteorite** sind rund **4,5 Mrd. Jahre alt.**

Gerzeh-Perlen

Schmuck *aus Meteoriteisen*

Steinmeteorit

Matter Kern, *überwiegend aus den Mineralen Olivin und Pyroxen*

KOMET 67P

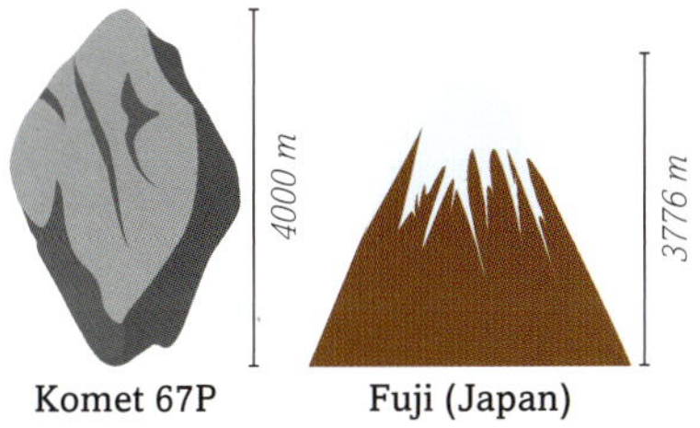

Jagd auf Weltallobjekte

Dieser 4 km lange Komet ist größer als der Vulkan Fuji in Japan. Einer Raumsonde gelang es, 2014 auf ihm zu landen. Es war die erste erfolgreiche Mission dieser Art.

aus Eisen und enthalten außerdem etwas Nickel. Mit 60 000 t Gewicht war der **Hoba-Meteorit** aus Namibia der größte je gefundene dieses Typs. Die **Gerzeh-Perlen** der alten Ägypter sind vermutlich aus Meteorit-Eisen gefertigt, denn in dieser Zeit war die Eisenverhüttung noch unbekannt. Eine Gruppe von Meteoriten wird dem Mars zugeordnet, sie werden **Mars-Meteoriten** genannt. Steineisenmeteoriten sind die häufigsten. Sie sind im Zentrum großer Asteroiden entstanden. Achondrit und Chondrit sind zwei Arten der Steinmeteoriten.

EINSCHLAGKRATER Gosse's Bluff ist ein gewaltiger Meteoritenkrater in der Großen Sandwüste in Australien. Er entstand, als ein gigantischer Himmelskörper auf der Erdoberfläche einschlug, und ist bei den Aborigines unter dem Namen „Tnorala“ bekannt. Erstaunlicherweise sind sich wissenschaftliche Erklärungen für die Entstehung des Kraters und jene von den Aborigines sehr ähnlich.

Der Erzählung der Aborigines nach tanzte am Anfang der Zeit eine Gruppe Frauen am Himmel und schuf mit ihren Tanzfiguren die Milchstraße. Eine der Mütter legte ihr Baby ab, um zu verschnaufen, doch seine Wiege fiel aus dem Himmel und schlug auf der Erde den Krater Tnorala, der von einem Felsenkranz eingerahmt wird. Wissenschaftler vermuten, dass vor etwa 143 Mio. Jahren ein Meteorit auf Kollisionskurs mit der Erde war. Als er an dieser Stelle einschlug, sprengte er einen Krater von 20 km Durchmesser in die Erdoberfläche. Heute ist nur noch der zentrale Teil dieses Kraters inmitten der Wüste übrig. Er misst jetzt noch 5 km im Durchmesser.

Minerale und Edelsteine

Minerale und Edelsteine

Natürlich vorkommende Minerale ❯ Minerale sind natürlich vorkommende Feststoffe. Manche erstarren zu Kristallen, wenn schmelzflüssiges Magma abkühlt, andere fallen aus Flüssigkeiten aus, die gelöste Mineralstoffe enthalten und in Gesteinsklüften zirkulieren.

Minerale sind die festen Bausteine der Erde. Alle Gesteine sind aus kleinen, verschiedenartigen Mineralkörnern aufgebaut. Jedes Mineral verfügt über einen einzigartigen chemischen Bauplan und kann anhand von Kristallform (Habitus genannt), Farbe, Härte und Glanz erkannt werden sowie daran, wie das Material bricht. Edelsteine sind geschliffene und polierte Kristalle von Mineralen. Diese „Steine" werden wegen ihrer Seltenheit und Schönheit sehr teuer gehandelt.

Amethyst

Amethyst-Einkristall

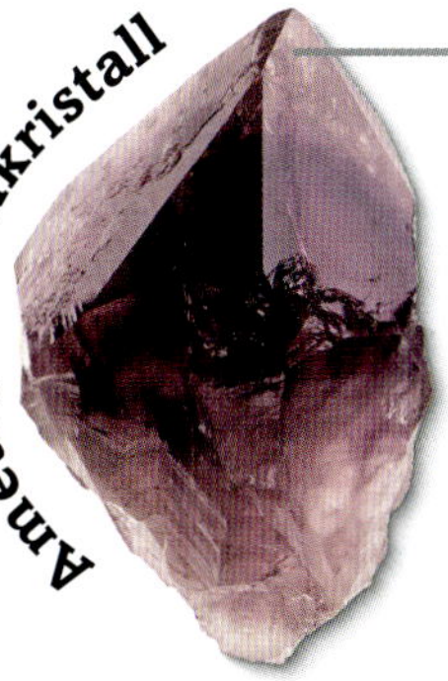

Mineralischer Kristall › Eine bestimmte chemische Zusammensetzung und die innere Anordnung der Atome verleihen Mineralen glatte Kristallflächen mit scharfen Kanten.

Amethyst, gemischt-ovaler Schliff

Edelsteinschliff › Edelsteine sind außerordentlich schöne Kristalle, die geschliffen und poliert werden.

Eisen und Radioaktivität verursachen die Purpurfarbe

Achatsockel

Kristallsysteme

Kristalle werden nach ihrer Form in 6 Gruppen eingeteilt:

Tetragonal
- 3 Symmetrieachsen stehen senkrecht zueinander, 2 davon sind gleich lang.

Orthorhombisch
- Ähnlich monoklin, jedoch stehen alle 3 Achsen senkrecht zueinander. Habitus tafelig und prismatisch.

Monoklin
- 3 ungleich lange Achsen, 2 davon im rechten Winkel. Tafelige und prismatische Formen sind üblich.

Trigonal/hexagonal
- Beide Systeme sehr ähnlich, 4 Achsen. Kristalle oft sechsseitig mit Pyramidenspitzen.

Kubisch
- Verbreitetes, gut erkennbares System. 3 Achsen im rechten Winkel stehend, Formen vier- oder achtseitig.

Triklin
- Geringe Symmetrie: Alle 3 Achsen sind ungleich lang und es gibt keine rechten Winkel.

KARAT

Karat ist das Standardgewichtsmaß für Edelsteine und Metalle. 1 Karat entspricht umgerechnet 0,2 g. Auch die Reinheit von Gold wird in Karat ausgedrückt: Pures Gold hat 24 Karat.

Gediegene Minerale

Eisen

Steinmeteorit, *enthält Nickeleisen*

Platin

Nuggets *aus Platin sind selten.*

Antimon

Die Sprödigkeit *verleiht Antimon eine schuppige Struktur.*

Platinringe

Weißer, heller Glanz

Schwefel

Markante, *gelbe Kristalle*

Erdgas wird schwefelhaltiges **Mercaptan** zugesetzt. So entdeckt man **Lecks** in Leitungen.

Die meisten Minerale bestehen aus Verbindungen von zwei oder mehr chemischen Elementen. Ausnahme sind eine Handvoll Minerale und Metalle, die neben ihren Verbindungen auch gediegen („rein") vorkommen. Das sind v. a. Edelmetalle, etwa Gold.

Gold zählt zu den teuersten Metallen und ist so reaktionsträge, dass es üblicherweise gediegen vorkommt. Es wird zu Schmuck, Verzierungen, Münzen und elektrischen Kontakten verarbeitet. **Platin** wird für Legierungen, als Katalysator in Autos und für Schmuck genutzt. **Kupfer** und

Kupfer

Kupferkessel

Kupfer *lässt sich leicht zu Gefäßen wie diesem Teekessel formen.*

Kristallines Kupfer *hat eine typisch rotbraune Färbung.*

KUPFERGIGANTEN

Die größten Kupferproduzenten

Kupfer, eines der wichtigsten Metalle, kommt überall auf der Erde vor. 2014 produzierte Chile weltweit das meiste Kupfer.

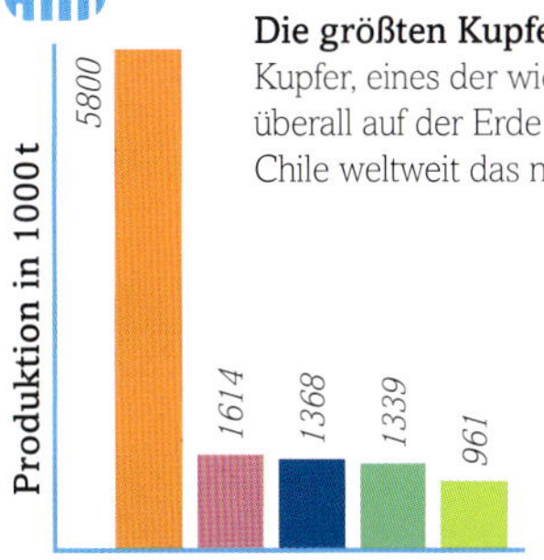

Bleistifte *enthalten kein Blei, sondern Grafit.*

Bleistiftmine

Grafit

*Fühlt sich **weich und speckig** an.*

Kristallform *des Kohlenstoffs*

Diamant

Wismut

Kristalle *bilden Säulen und glänzen.*

Arsen ist **hochgiftig** für **Lebewesen.**

Gold

*Dieses **Nugget** wiegt etwa 2,5 kg.*

Silber

Gediegenes Silber *gleicht oft einem Drahthaufen.*

Diese Mineralform *nennt man „traubig".*

Arsen

Silber kommen zusammen mit anderen Mineralen vor. Reines **Eisen** findet sich in Eisenerzminen oder erreicht die Erde in Meteoriten aus dem All. Glänzend gelbe Kristalle reinen **Schwefels** werden durch Vulkandämpfe und heiße Quellen abgeschieden. Sie werden zur Produktion von Schwefelsäure verwendet, einem bedeutenden Grundstoff in der chemischen Industrie. Elementarer Kohlenstoff kommt in zwei Formen vor: als **Diamant**, das härteste Material der Erde, und als weicher **Grafit** mit vielerlei Anwendungsmöglichkeiten.

Gold

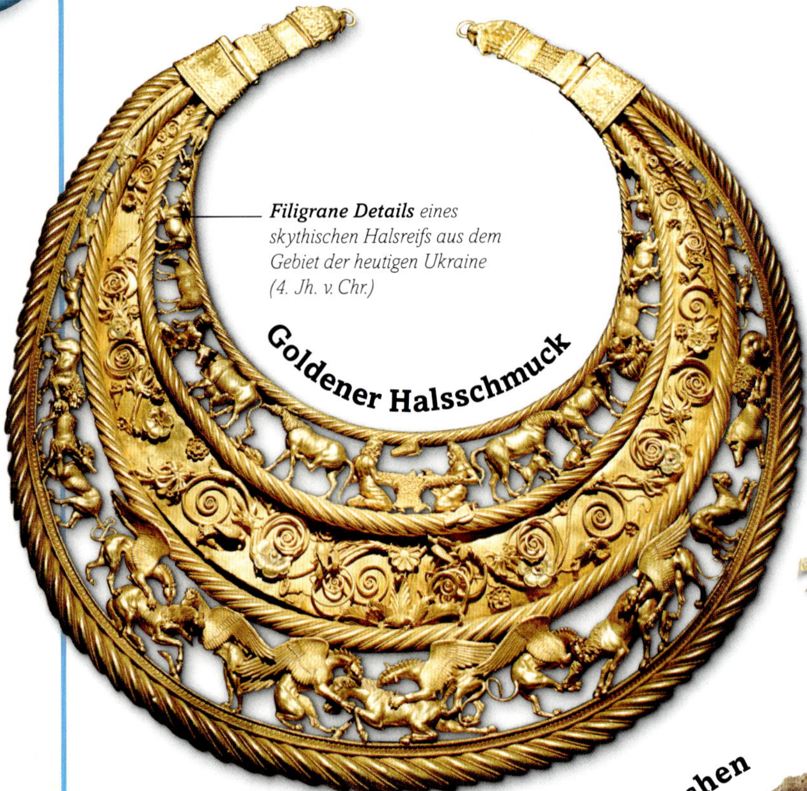

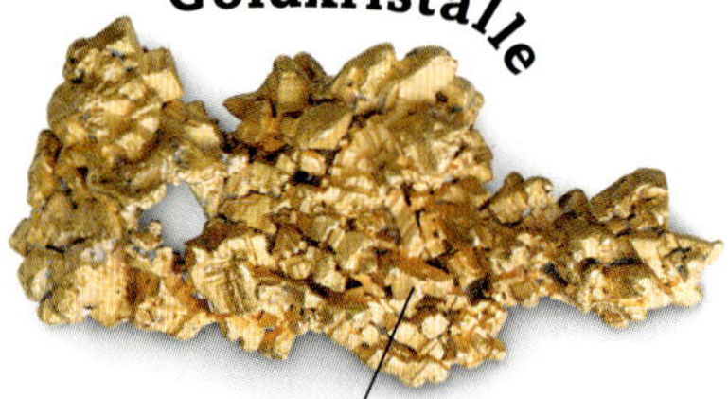

Gold ist das begehrteste Material der Erde. Seine Schönheit, Stabilität und Seltenheit machen das Schmuckmetall so wertvoll. Es verwittert nicht und läuft nicht an, deshalb behält es seinen milden gelben Glanz.

Obwohl es Glückspilze gibt, die **Nuggets** oder **Goldkristalle** finden, wird das meiste Gold angeschwemmt in Flusssanden in Form von feinsten Plättchen oder **Körnern** gefunden. Der Goldwäscher trennt dann mit seiner „Pfanne" das Gold vom Sand. In der Geschichte Amerikas

Goldmünzen

Britische Goldmünzen

Das bislang **schwerste Goldnugget** wog 71 kg.

SELTENER ROHSTOFF

Die Gesamtmasse an bisher gefördertem Gold wäre eine Kugel von 24 m Durchmesser, das entspricht der Länge eines Tennisplatzes.

Jagd nach Gold

In Gewicht ausgedrückt wurden bisher weltweit 183 600 t Gold gewonnen – das sind rund 80 Prozent der vorhandenen Goldreserven.

Blattgold

Verschlungenes Ornament aus Blattgold

Mittelalterlicher Siegelring

***Eingravierter** Widderkopf*

Goldbarren

***1-kg-Barren** aus purem Gold*

Goldmedaille

***Goldmedaille** der Olympischen Sommerspiele 1972.*

Chimú-Kelch

***Zeremonieller Goldkelch** der Chimú-Kultur (1100–1470) aus der Gegend des heutigen Peru*

Astronaut mit Visierhelm

***Hauchdünne Goldschicht** auf dem Visier*

Satellitenbauteil

Goldhülle

brach mehrmals beim kleinsten Goldfund ein sogenannter Goldrausch aus. Gold war schon immer eine wichtige Wertanlage – in Form von **Schmuck**, **Münzen** oder **Barren**. Eine olympische **Goldmedaille**, wie die oben abgebildete von den Sommerspielen 1972 in München, besteht aus 92,5 Prozent Silber mit einer Goldauflage von 6 g. Ebenfalls eine Goldauflage haben **Astronautenvisiere** – dank ihr halten sie grelle Sonnenstrahlung und Hitze ab. **Satelliten** werden mit Goldfolie umhüllt, um kosmische Strahlung abzuschirmen.

Silber

Handstück mit Silber und Kupfer

Fotofilm

Silber ist ein helles, herrlich glänzendes Edelmetall. Seit antiker Zeit wird es sowohl als Silbererz als auch in gediegener Form gefördert. Im Gegensatz zu Goldnuggets sind Silbernuggets äußerst selten.

Während das meiste Silber als Mineralerz gewonnen wird, ist gediegenes Silber in Form von Kristallen und gedrehten **Silberdrähten** eher selten. Silber ist ein teures Edelmetall, das für Schmuck, Ziergegenstände und **Münzen** Verwendung findet. Antike Münzen wie griechi-

Gediegenes Silber

Gediegener Silberkristall

Versilberter Spiegel

***Prägung** auf einem Handspiegel*

Solarzellen

***Silberhaltige Paste** leitet den Strom aus der Solarzelle.*

Drahtsilber

***Gebogen und verdreht:** „Finger“ aus Drahtsilber*

Essbare Silberfolie

***Silberfolie** auf der indischen Süßigkeit Mithai*

Fingernagelschutz

***Silberkappe** als Schutz für Fingernägel*

1 Mio. **Mobiltelefone** enthalten rund **350 kg** Silber.

Silbermünze

***Antike griechische Münze,** 5. Jh. v. Chr.*

Leiterplatte

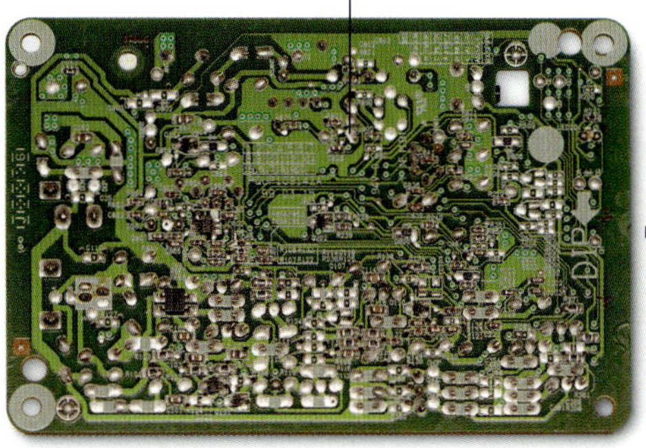

***Silberfarbe** auf Leiterplatte*

STERLINGSILBER

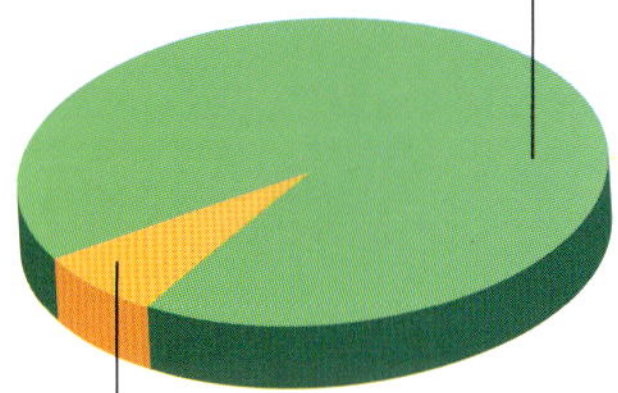

Beliebte Legierung
Schmuck und Silberware werden traditionell aus Sterlingsilber gefertigt. Diese Legierung ist ein Gemisch aus 92,5 Prozent Silber und 7,5 Prozent Kupfer.

sche „Tetradrachmen“ und römische „Denare“ sind hochgeschätzte Sammlerstücke. Manche Musikinstrumente sind versilbert, z. B. **Flöten** und Trompeten. Der Legende nach schoss man mit **Silberkugeln** auf Werwölfe. In der analogen Fotografie war Silber unverzichtbar für **Fotofilme**, doch die Digitalfotografie hat hier das Silber verdrängt. Selten geworden ist auch **Silberpapier**, das um Bonbons gewickelt ist. Silber ist ein guter Leiter für Elektrizität und wird deshalb in **Solarpaneelen** und **PC-Leiterplatten** verbaut.

Diamant

Industriediamant

***Unregelmäßiger** und körniger Brocken Rohdiamant*

Goldene Uhr mit Diamanten

***Kleine Diamanten,** eingesetzt in eine goldene Uhr*

Achtseitiger Kristall mit gelblicher Farbe

Brillantschliff, weißer Diamant

***Brillantschliff** für höchste Leuchtkraft*

Kissenschliff, gelber Diamant

***Quadratischer Schliff** mit abgerundeten Ecken*

Trennscheibe

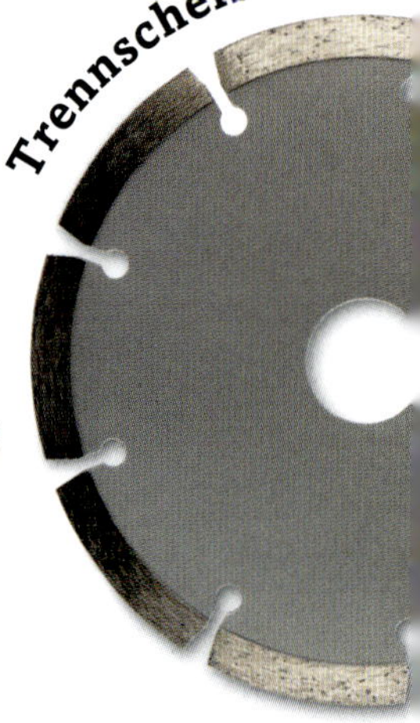

Brauner Diamant

Geschliffener brauner Diamant

Weißer Diamant

***Dreieckige Flächen** für funkelnd hellen Glanz*

***Die gigantische Diamantmine** in Mirny ist 525 m tief.*

Diamantmine von Mirny (Russland)

Diamant ist das härteste bekannte Material der Erde. Es ist hochglänzend, hell und widersteht jeder Eintrübung oder Beschädigung. Diamanten entstehen im Erdmantel, in 140–190 km Tiefe. Geschliffen sind sie wegen ihrer Schönheit sehr begehrt.

Diamanten sind so kostbar, dass sie vorrangig zu Schmuck verarbeitet werden – z. B. in **Ringen**, **Ohrringen** und **Uhren**. Sehr viele Diamanten sind wegen eingelagertem Stickstoff oder anderer Unreinheiten hellgelb bis braun gefärbt. Reine Diamanten sind farblos. Einer der berühmtes-

Diamantcollier

Birnenschliff

Rohdiamanten, in Kimberlit eingebettet

Glasschneider

Ein kleiner Industriediamant *bildet die Werkzeugspitze.*

Diamantring

Diamanttraube *auf einem Verlobungsring*

Marie Antoinettes Ohrringe

Große, birnenförmige Diamanten, *einst im Besitz der französischen Königin*

Scheibenrand, *mit Diamanten besetzt*

Hope-Diamant

Blaue Färbung *durch Spuren von Bor*

Der **Koh-i-Noor-**Diamant wurde im Jahr 1852 neu geschliffen, er hat nun **105,6 Karat.**

Krone der britischen Kronjuwelen

Koh-i-Noor-Diamant

Diamantbesetzte Werkzeuge

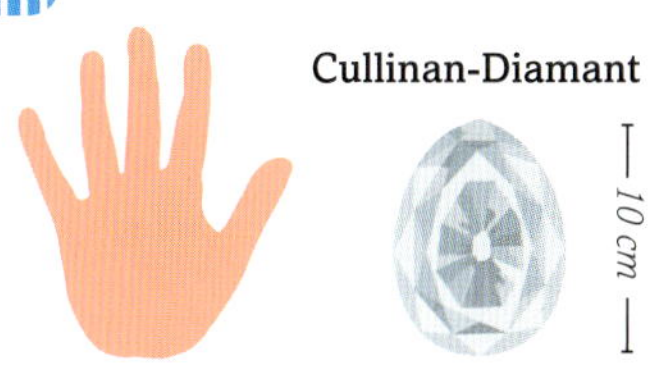

Feiner Diamantstaub *an der Spitze zum Bearbeiten anderer Diamanten*

RIESENDIAMANT

Cullinan-Diamant

Rekordhalter

Der Cullinan, 1905 in Südafrika entdeckt, war mindestens doppelt so groß wie jeder andere je gefundene Diamant. Er wurde in 9 große und 96 kleinere Stücke aufgeteilt.

ten Edelsteine, der **Hope-Diamant**, ist tiefblau. **Industriediamanten** sind weniger wertvolle Steine, die zerkleinert in **Schneidewerkzeuge** eingesetzt werden. An die Erdoberfläche gelangen Diamanten durch explodierende Vulkanschlote (Kimberlit), die tief in den Mantel hinabreichen.

Auch in einigen magmatischen Gesteinen findet man sie. Diamanten tragende Gesteinsarten werden abgebaut wie in der **Mirny-Mine** in Russland. Schließlich enthalten manche Flusskiese Diamanten, wenn der Oberlauf des Flusses diamantreiche Gesteine auswäscht.

Kupfer

Bronzestatue

Diese Bronzestatue *in Sankt Petersburg (Russland) steht auf einem Sockel, von dem man sagt, er sei der größte je von Menschen bewegte Felsen.*

Gediegenes Kupfer

Verästelte Kristalle *reinen Kupfers*

Cuprit

Cupritkristall

Chalkopyrit

Die Kristalle *sind normalerweise dreieckig.*

Malachit

Wachstumsringe innerhalb *eines Malachit-Stalaktiten*

Kupferkanne

Kupfer *lässt sich leicht formen.*

Messingglöckchen

Glänzendes Messing *ist eine Kupfer-Zink-Mischung*

Kupferdraht

Kupferdraht *leitet elektrischen Strom.*

KUPFERKRISTALL

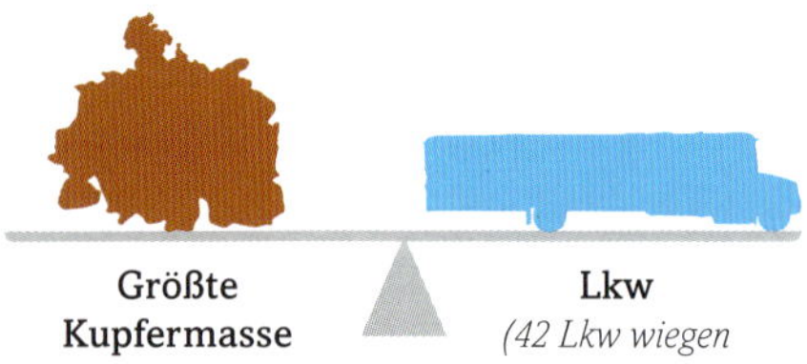

Größte Kupfermasse (420 t)

Lkw *(42 Lkw wiegen 420 t)*

Gigant aus Kupfer
Der weltweit größte, je gefundene Brocken reinen Kupfers stammt aus Michigan (USA) aus dem Jahr 1857. Mit 420 t wog er so viel wie 42 Lkw.

Kupfer ist ein metallisches Element, das seit der Antike genutzt wird. Es ist biegsam, leicht zu formen und bildet mit vielen anderen Metallen nutzbare Legierungen. Kupfer leitet zudem elektrischen Strom und wird deshalb in Kabeln verwendet.

Das rotbraun glänzende Metall wird aus gediegenem Kupfer oder seinen Verbindungen gewonnen. **Malachit** war das erste verhüttete Kupfermineral. Das Erz **Cuprit** enthält zwar mehr Kupfer, Malachit ist aber leichter zu verarbeiten. **Chalkopyrit** ist heute das wichtigste Kupfererz. Sein Kupfer-

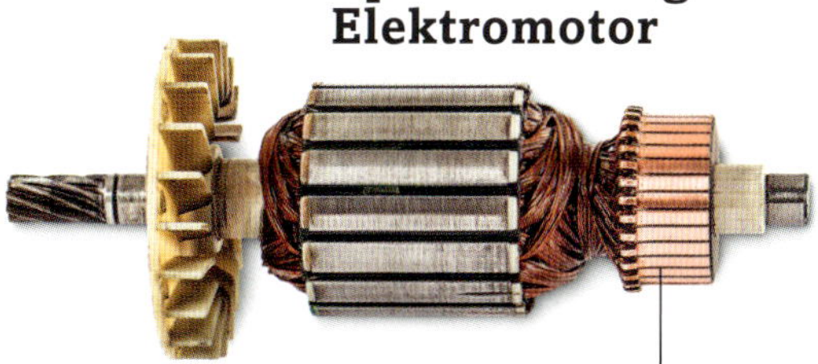

Etwa **91 t Kupferbleche** wurden für die Statue benötigt.

gehalt ist zwar niedrig, aber die Lagerstätten sind so groß, dass sich der Abbau dennoch lohnt. Kupfer und Zinn verbinden sich zu Bronze, einem Metall, das 2500 v. Chr. entdeckt wurde und härter ist als Kupfer. In der Bronzezeit schmiedete man daraus Schwerter, **Helme** und **Speerspitzen**.

Die **„Himmelsscheibe von Nebra“** (Sachsen-Anhalt) ist eine 3600 Jahre alte Himmelsdarstellung aus Bronze. Kupfer wird heute für Dachrinnen, **Rohre**, **Kabel**, **Münzen**, Elektromotoren und -bauteile genutzt. Die New Yorker **Freiheitsstatue** ist die größte Kupferstatue der Welt.

RIESENMINE Im Tagebau wird der Boden, der eine Erzlagerstätte bedeckt, abgetragen und eine gewaltige Grube in das Gestein gegraben, um die metallhaltigen Gesteine zu fördern. Tagebaue produzieren die größten von Menschen gemachten Löcher in der Landschaft, viele sind sogar aus dem Weltall zu sehen. Um die Gefahr von Steinschlag und Rutschungen zu verringern, sind die Wände durch befahrbare Terrassen gegliedert.

Die *Morenci Mine* in Arizona (USA) besteht seit 1872 und ist einer der größten Tagebaue der Erde für Kupferminerale. Die Reserven der Mine werden auf 3,2 Mrd. t Kupfererz geschätzt, die in porphyrischen Gesteinsformationen lagern. Der Abbau erfolgt in gigantischem Maßstab. Dynamitsprengungen brechen komplette Wandteile aus den Terrassen heraus, dann fahren gewaltige Schaufelradbagger heran und beladen ebenso riesige Muldenkipper mit den abgesprengten Felsbrocken. Nun werden sie in den nächsten Gesteinsbrecher gekippt, der sie zu kleinen Stücken zerquetscht. Die Mine produziert jedes Jahr über 380 000 t Kupfererz und beschäftigt etwa 2000 Arbeiter.

Sulfide

RIESIGER GALENIT

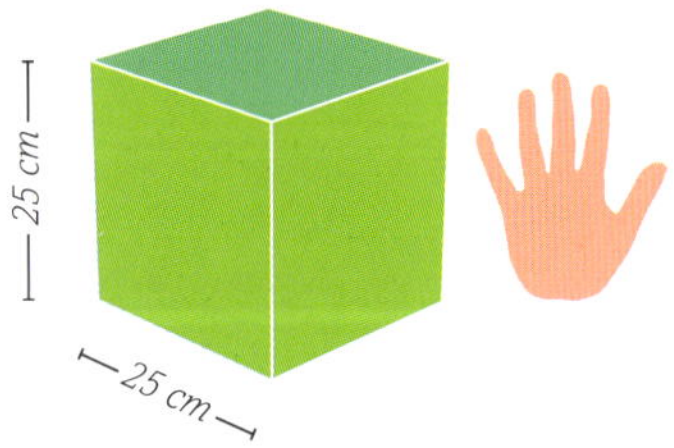

Kolossaler Kristall
Der größte jemals gefundene Galenitkristall ist ein Würfel mit 25 cm Kantenlänge. Er wurde in der Great Laxey Mine auf der Isle of Man (England) gefunden.

Unter den wichtigsten Metallerzen der Erdkruste sind die Sulfide eine Gruppe von meist dunklen, dichten Mineralen, die aus Verbindungen von Schwefel mit Metallen bestehen. Sulfide sind sehr weich und liefern keine schönen Edelsteine.

Galenit ist ein typisches Sulfidmineral: weich, glänzend und schwer. Seine Kristalle zeigen sich als eindrucksvolle sechsseitige Würfel oder achtseitige Oktaeder. Galenit ist ein Hauptmineral für Bleigewinnung und tritt oft zusammen mit anderen Mineralen auf, z. B. mit Markasit, **Pyrit**,

Covellin

Kristalle *als dünne Plättchen*

Hauerit

Oktaedrisch *geformte Kristalle*

Sulfide

Millerit

Kalzit *als Grundmasse*

Messingfarbene *Milleritnadeln, die Nickel enthalten*

Pyrrhotin

Hexagonale (sechsseitige) Kristalle *mit bronzenem Glanz*

Chalkopyrit mit Quarzkristallen

Durchscheinender *farbloser Quarzkristall*

Messingfarbener, *metallischer Chalkopyritkristall*

Purpurfarbener *oxidierter Bornit*

Cinnabarit

Vorkommen in Kornform

Chalkosin

Bleigraue *Farbe*

Kupfer ist das **dritthäufigste** Industriemetall der Welt.

Chalkopyrit und Sphalerit. Das Eisenerz **Markasit** gleicht chemisch dem Pyrit, kristallisiert aber anders. **Cinnabarit** ist ein ungewöhnlich gefärbtes Sulfid, das als Hauptrohstoff für Quecksilber dient. Manchmal verliert Cinnabarit Tröpfchen dieses Metalls. Das indigoblaue Kupfererz **Covellin** wurde erstmals am Vulkan Vesuv (Italien) gefunden. Purpurfarbener **Bornit**, ein Kupfererz, zählt zu den buntesten Mineralen. Eine Mischung aus Bornit und **Chalkopyrit** ergibt **Chalkosin**, ein Kupfererz mit dem höchsten Kupfergehalt aller Sulfide.

Sphalerit ist das **häufigste Zinkerz.**

Manche Sulfide sehen anderen Mineralen ähnlich und werden deshalb leicht verwechselt. Bekanntestes Beispiel ist Pyrit, auch „Katzengold“ genannt, weil er dem Ahnungslosen mit seinem Goldglanz vortäuscht, er habe Gold gefunden. In Wirklichkeit enthält **Pyrit** keinerlei Gold, sondern nur Eisen und Schwefel. Er ist härter und spröder als Gold und weniger dicht. Auch bei **Sphalerit** kann man sich täuschen. Er tritt in mehreren Formen auf und enthält Zink. **Nickelin** wird nur selten als Nickelrohstoff verwendet, da er oft das giftige Arsen enthält.

Realgar

Glaukodot

***Die Kristalle** enthalten Kobalt, Eisen, Arsen und Schwefel.*

Bournonit

***Quarz** in derber Form*

***Scharfkantiger** prismatischer Kristall mit metallischem Glanz*

Auripigmentpulver

***Goldfarbenes Pigment** („Königsgelb“)*

Tennantit

***Kristalle** von stahlgrauer Farbe*

Pyrargyrit

***Dunkle prismatische** Zwillingskristalle*

Jamesonit

Gesteins-matrix

Nickelin

***Flecken** mit Kupferglanz*

Auripigment

***Der Glanz** erinnert an Baumharz.*

Stibnit

***Die langen Prismenkristalle** sind stark gerieft.*

Obwohl es kein Kupfer enthält, hieß Nickelin früher „Kupfernickel“.

Realgar wird manchmal auch „Rubinschwefel“ genannt, er ist weich und zerkrümelt leicht. Realgar ist, ähnlich wie **Auripigment**, arsenhaltig und hochgiftig. Beide kommen an vulkanischen Schloten vor und dienten früher als Farbpigmente. In Gesellschaft von Realgar und Galenit tritt **Stibnit** auf, ein bedeutendes Antimonerz. Sulfosalze bilden eine seltene Mineralgruppe mit einem Metall und einem Halbmetall (Arsen) im Gitter. **Proustit** (Rubinblende) und **Pyrargyrit** sind wichtige Silbererze.

Pyrit

Oktaedrischer Pyrit

***Strahlenförmiger* Quarz**

***Perfekter* Oktaeder**

***Streifung** an einem Pyritzwilling*

Kubischer Pyrit

Pyrit ist das **häufigste Sulfidmineral** in der Erdkruste.

***Kubische Kristalle** durchdringen sich.*

Durchdringungs-zwillinge

Pyritknolle

Kleine Kristalle

Katzengold

***Messinggelber** Kristall mit hellem Metallglanz*

Kubischer Pyritkristall

Pyrit-würfel

Pyrit ist ein helles und glänzendes Mineral. Wenn man nicht genau hinsieht, könnte man meinen, Gold gefunden zu haben. Doch Pyrit ist nicht besonders wertvoll. Es enthält lediglich etwas Eisen und Schwefel.

Pyrit leitet sich vom griechischen Wort „pyr" für „Feuer" ab, denn schlägt man mit einem Eisenstück darauf, springen Funken weg. Goldsucher nannten die goldfarbenen Kristalle **„Katzengold"**. Doch es ist nicht schwer, die Unterschiede zwischen Gold und Pyrit zu erkennen: Pyrit ist

Vorderlader mit Radschloss

Als Zündmaterial *diente ein Stück Pyrit.*

Pyritisiertes Ammonitenfossil

Ein Teil der Gehäuse-minerale *wurde durch Pyrit ersetzt.*

Pyrit *war eines der ersten hier geförderten Minerale.*

Río-Tinto-Minen (Spanien)

Schwefelsäure

Wichtiger Grundstoff *für Chemikalien*

Pyritknollen

Harte, kugelige *Masse*

Dodekaedrischer Pyrit

Kristallflächen *sind oft unterschiedlich groß, anders als im regelmäßigen Dodekaeder.*

Pyritsonne

Strahlenförmige Kristalle *innerhalb einer Pyritknolle*

weniger dicht (leichter) und härter als Gold und bildet perfekte **Würfel**. Ein weiterer Unterschied ist der „Strich“, ein Reiben des Minerals auf einer rauen Porzellanplatte: Pyrit hat einen grünlich-schwarzen Strich, Gold hinterlässt Goldflitter. Neben Würfel und **Oktaeder** kristallisiert Pyrit auch als **Dodekaeder** mit 12 Flächen. Auch **Knollen** sind üblich, im Inneren manchmal mit strahliger Struktur. Aus Pyrit lässt sich **Schwefelsäure** herstellen. Wegen seiner Eigenschaft, Funken zu schlagen, nutzte man Pyrit als Zündstoff im **Radschloss** von **Vorderladergewehren**.

Erzminerale

Lange Kristallprismen, manchmal als Nadeln ausgebildet

Rutil

Salz

Bestimmte Salze enthalten Lithium.

Leichter, wiederaufladbarer Akku

Lithiumionenakku

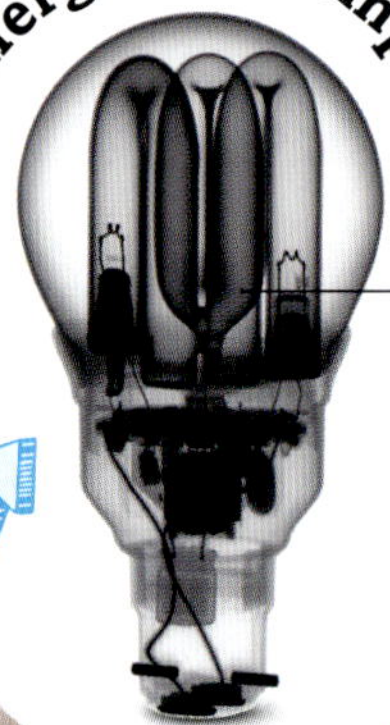

Energiesparlampe

Die Röntgenaufnahme zeigt Quecksilber in den Röhren.

Cinnabarit/Zinnober

Winzige Kristalle enthalten Quecksilber.

Weißer Kalzit

„Cinnabarit" leitet sich aus dem persischen Wort für **„Drachenblut"** ab.

Bauxit

Erbsengroße Mineralkörner in Aluminiumoxid-Gestein

Cassiterit

Prismatische Kristalle enthalten Zinn.

Metallisch gelbe Farbe, bronzeartig angelaufen

Uraninit

Matter Glanz

Erze sind Minerale, die wertvolle Metalle enthalten und deshalb abgebaut werden. Viele sind Oxide und Sulfide und enthalten Sauerstoff bzw. Schwefel. Nach dem Abbau werden die Erze aufbereitet, angereichert und die Metalle vom Gestein getrennt.

Wichtige Metalle wie Eisen und Kupfer werden aus Erz mittels eines chemischen Prozesses herausgelöst, dem „Verhütten" bei hohen Temperaturen. Die drei wichtigsten Eisenminerale sind Hämatit, **Magnetit** und Ilmenit. Ein großer Teil des Eisens wird zu **Stahl** veredelt, einem wichti-

Bornit

Rotbraune *Farbe wie Kupfer*

Kobaltit

Würfelige Kristalle *mit Metallglanz*

Magnetit

Anhäufung *von schwarzen Magnetitkristallen*

Fluorit

Zonen *mit grünen und purpurnen Farben*

Pentlandit

Vernickeltes Metall *ist preisgünstiger und robuster als verchromtes. Pentlandit ist ein wichtiges Nickelerz.*

Vernickeltes Motorrad

BINGHAM CANYON MINE

Größtes menschengemachtes Loch
Diese Mine im Bundesstaat Utah (USA) ist ein Kupfertagebau von fast 1 km Tiefe. Selbst zwei übereinandergestellte Empire-State-Building-Türme würden aus diesem gigantischen Loch nicht herausschauen.

gen Baustoff für Betonbauten wie Brücken und Hochhäuser. **Bornit**, ein Kupfererz, fällt durch seine Mehrfarbigkeit auf. **Rutil** ist ein Titanmineral, ein sehr stabiles, aber leichtes Metall, das im Flugzeug- und Raketenbau zum Einsatz kommt. Aus **Uraninit** wird Uran gewonnen, das in Kernreaktoren zur Erzeugung elektrischer Energie verwendet wird. **Bauxit** ist Rohstoff für Aluminium. Aus **Fluorit** wird zum einen Fluor (ein Gas) gewonnen, zum anderen dient es als Flussmittel, mit dem sich Schmelztemperaturen senken lassen.

Oxide

Oktaedrische Kristallform

Mikrolit

Kristalle enthalten Tantal, *ein Metall*

Cuprit

Kristallflächen *zeigen hellen Glanz.*

Franklinit

Pechschwarzer Franklinitkristall *in Kalzitgrundmasse*

Cassiterite

Metallischer Glanz

Pyrolusit

Dünne Fasern *als Kristallform*

Mangan *ist Bestandteil in Alkali-Mangan-Batterien. Pyrolusit ist ein wichtiges Manganerz.*

Knopfzellen-Batterien

Viele Oxidminerale enthalten Sauerstoff, der mit weiteren chemischen Elementen verbunden ist. Da Oxide oft sehr attraktiv in Form und Farbe sind, findet man unter ihnen einige der prächtigsten und funkelndsten Edelsteine.

Viele Oxide sind wichtige Erze, da sie bedeutende Mengen Metall in ihrem Kristallgitter enthalten. **Cuprit** ist ein Kupfermineral, während **Uraninit** radioaktives Uran enthält. **Pyrolusit**, das wichtigste Manganerz, bildet Klumpen sowie faserige Kristalle. **Spinell** bezeichnet sowohl eine Mineral-

Rutil ist ein verbreitetes Titanmineral.

Uraninit ist **hoch radioaktiv** und erfordert besondere Vorsichtsmaßnahmen.

art als auch eine Mineralgruppe mit mehr als 20 Arten. Blutrote Spinelle werden oft mit Rubinen verwechselt. Der „Rubin des Schwarzen Prinzen“, Bestandteil der britischen Imperial State Crown, ist in Wirklichkeit ein 170-Karat-Spinell von der Größe eines Tischtennisballs. Zinnhaltiger **Gahnit** ist ein graubrauner Spinell, der eisenreiche **Franklinit** ist schwarz. **Brookit**, **Rutil** und **Anatas** sind Titanoxide und haben eine ähnliche chemische Zusammensetzung, aber unterschiedliche Gitterstrukturen. **Cassiterit** ist das bedeutendste Zinnerz, weitere Zinnerze sind selten.

Saphir-buddha

Die schönsten Saphire kommen aus Sri Lanka, Myanmar und Indien.

EDELSTEIN-REKORDHALTER

Saphir „Schwarzer Stern von Queensland“ | Hühnerei

Super-Saphir
Dieser 733-Karat-Saphir ist etwa so groß wie ein Hühnerei. Er hält den Weltrekord.

Aluminiumoxid klingt nicht sehr spektakulär, dennoch stammen davon drei hochpreisige Edelsteine ab. Rosafarbene, klare und blaue Korunde heißen **Saphire**, rote Korunde **Rubine**. Eine dritte sehr seltene Form in Pink-Orange nennt man „Padparadscha“. **Chrysoberyll** ist ein Aluminiumoxid mit Beryllium. Ein sehr seltene Varietät davon, der Edelstein Alexandrit, wechselt bei elektrischer Beleuchtung die Farbe. **Chromit** ist das bedeutendste Chromerz der Welt. Verchromt werden z. B. Badarmaturen, Stoßstangen und Fahrradspeichen, außerdem

Magnetit

Kristalle haben acht Flächen (Oktaeder).

Chinesischer Kompass

Alter Kompass mit Magnetnadel aus Magnetit

Trigonaler Hämatit

Gut ausgebildeter Kristall mit metallischem Glanz

Eisenfeilspäne, vom starken Magnetismus des Magnetits angezogen

Magnetit (Magneteisenstein)

Perowskitkristalle erscheinen zwar kubisch, sind aber einseitig verformt.

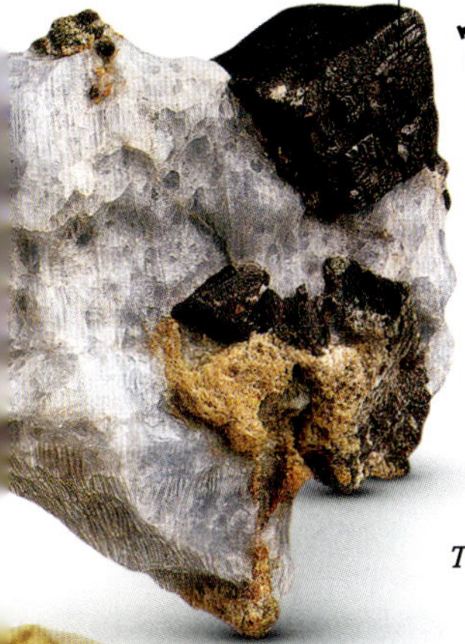

Perowskit

Hämatit in Nierenform

Rundliche Kristallform mit rötlich verwittertem Eisenoxid

Tiefroter Zinkit

Zinkit

Keilförmiger Zwillingskristall mit Glasglanz

wird Chrom hochwertigem Stahl beigemischt. Chromit kommt in magmatischen Gesteinen und in Sedimenten vor. **Magnetit** ist ein mit Spinell verwandtes Eisenoxid. Da er magnetisch ist, heißt er auch Magneteisenstein. Magnetit und **Hämatit** sind die beiden Haupteisenerze und Grundstoff der Stahlherstellung. **Ilmenit** ist ein weiteres schwarzes Mineral, das Hämatit und Magnetit ähnelt. Dieses Eisen-Titan-Oxid ist ein wichtiger Lieferant für Titan, das Metall mit dem günstigsten Verhältnis von Festigkeit zu Gewicht.

Eis

Der Eisberg ***treibt*** *im Wasser, der flüssigen Form von Eis.*

Eisbär auf arktischem Eisberg

Perito-Moreno-Gletscher (Argentinien)

Eisblöcke *brechen vom Gletscherrand ins Meer (der Gletscher „kalbt").*

Eisschloss am Lake Louise (Kanada)

Blankes Eis, *in Form gesägt und gemeißelt*

Das Eisschloss *steht auf dem zugefrorenen See.*

Schneeflocke

Symmetrische *sechseckige Struktur*

Eisbohrkerne im Gefrierraum

Eisbohrkerne *aus altem Gletschereis, für Untersuchungen aufbewahrt*

Hubbard-Gletscher in Alaska (USA)

Langsam *fließender Eisstrom*

Eisberg

Etwa 90 Prozent *der Eisbergmasse liegt unter Wasser.*

Minerale sind natürliche Feststoffe mit einer bestimmten Kristallstruktur – Eis ist damit eines der häufigsten Minerale der Erdoberfläche. Es existiert nur dort, wo es kalt genug ist: im Hochgebirge, in den Polargebieten oder als Hagel und Schnee.

Wie Eisenerz, Rubin und Cuprit zählt Eis zu den Oxiden. Anders als bei anderen Oxiden ist seine häufigste Form das flüssige Wasser. Als Festkörper tritt es in Form von Eiskristallen (**Schneeflocken**, **Gletschereis**, Eiskappen), **Eiszapfen**, Hagel und Raureif auf. Das meiste Eis liegt in den

Halo-Effekt

Funkelnder Lichtring *um die Sonne infolge von Eiskristallen in der Atmosphäre*

Eiszapfen

Tropfendes Schmelzwasser *gefriert zu langen Zapfen.*

Iglu

Unterstand *aus Schnee- und Eisblöcken, mit Schnee verputzt*

Natürliche Eisskulptur

Kurvige Strukturen *durch ungleichmäßiges Tauen*

Riesiger Eisblock, *der wochenlang im Meer treiben kann*

Die Temperatur **im Zentrum** eines Eisbergs kann um die **–20 °C** betragen.

RIESENHAGELKORN

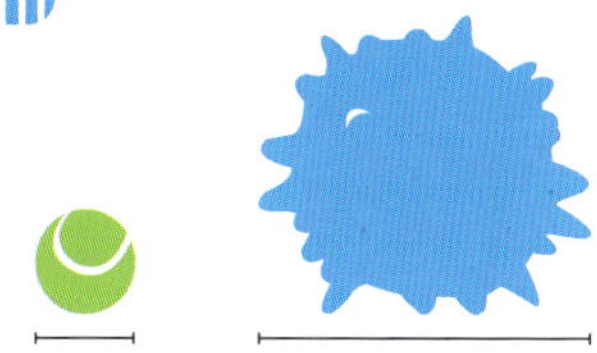

Tennisball
6,8 cm

Rekordhagelkorn
20 cm

Gigantische Eiskugel
Das größte je gefundene Hagelkorn ging 2010 in South Dakota (USA) nieder. Mit 20 cm Durchmesser war es dreimal so groß wie ein Tennisball.

Polargebieten. Antarktika ist von einer durchschnittlich 2 km dicken Eiskappe bedeckt, die sich in Hunderttausenden, wenn nicht Millionen Jahren gebildet hat. Forscher entnehmen daraus kilometerlange **Eisbohrkerne**, die uns viel über das einstige Klima auf der Erde verraten.

Im Winter ist der Arktische Ozean mit einer 3–4 m dicken Eisschicht bedeckt, die im Sommer schmilzt und zu großen **Eisbergen** zerfällt. Arktisbewohner lebten früher in Schneehäusern, den **Iglus**. Eisströme in Gebirgen heißen **Talgletscher**. Sie gleiten langsam die Täler hinab.

UNTER DEM EIS Ein Forscher lässt das Wunder einer Eishöhle auf sich wirken. Schmelzwasser hat in der Tiefe des Muir-Gletschers im Glacier-Bay-Nationalpark in Alaska (USA) diese spektakuläre Höhle ausgespült. Bei Eis denkt man nicht an ein Mineral, dennoch hat es alle Eigenschaften: Es kommt in natürlicher Umgebung vor, entsteht nicht durch Lebewesen, ist fest und weist eine geordnete Kristallstruktur auf.

Eis tritt in großen Massen in den Polargebieten und Hochgebirgen auf – es ist eines der häufigsten Minerale der Erdoberfläche. Schnee türmt sich dort viele Meter hoch, wird unter Druck zu Hartschnee und dann zu Eis, das im Lauf der Zeit blau schimmernde Gletscher bildet. An Land kann Eis viele Tausend Jahre alt werden. Der Gletscherschild ist teilweise bis zu 2 km dick. Dennoch wird Eis rasch instabil – bei über 0 °C schmilzt es. In der Arktis schmilzt jeden Sommer eine Meereismenge von der Größe Australiens, und zurzeit wächst jeden Winter weniger Eis nach. Infolge der Erderwärmung fließen von den Gletschern große Mengen Schmelzwasser in die Ozeane und heben den Meeresspiegel an. Das beeinflusst auch das Wetter.

Fluoreszierende Minerale

Benitoit

Blaue Fluoreszenz *durch Barium-Titan-Silikat*

Wernerit

Wernerit, *eine Standardform von Skapolith, fällt durch seine grün-gelbe Farbe auf.*

Willemit mit Kalzit

Fluorit

Der zarte, violett-blaue Schimmer *weist auf Europium oder andere Seltene-Erde-Elemente hin.*

Sodalith

Sodalith fluoresziert *in einem hellen Orangeton.*

Benitoit wurde im **San Benito River** in Kalifornien (USA) entdeckt.

Skapolith

Gesteins-matrix

Skapolith *fluoresziert gelb.*

Ein Brocken Zinkerz wirkt mit seiner braunschwarzen Farbe sehr unauffällig. Kaum liegt er aber unter UV-Licht, erstrahlt er in bunten Farben. Diese sogenannte „Fluoreszenz" ist typisch für fluoreszierende Minerale.

Viele Minerale erstrahlen in erstaunlichen Farben, sobald sie unter der UV-Lampe liegen. Dieser Fluoreszenzeffekt hat seinen Namen von **Fluorit**, einem Mineral, bei dem das Phänomen 1852 entdeckt wurde. Viele andere Minerale reagieren unter UV-Bestrahlung

Kalzit *fluoresziert rot und rosafarben.*

Willemit *leuchtet grün.*

Adamit

Hellgrüne Fluoreszenz

Quarzgeode

Chalcedon, eine Quarzvarietät, *in einer Gesteinsgeode*

Gips

Gips fluoresziert *cremefarben.*

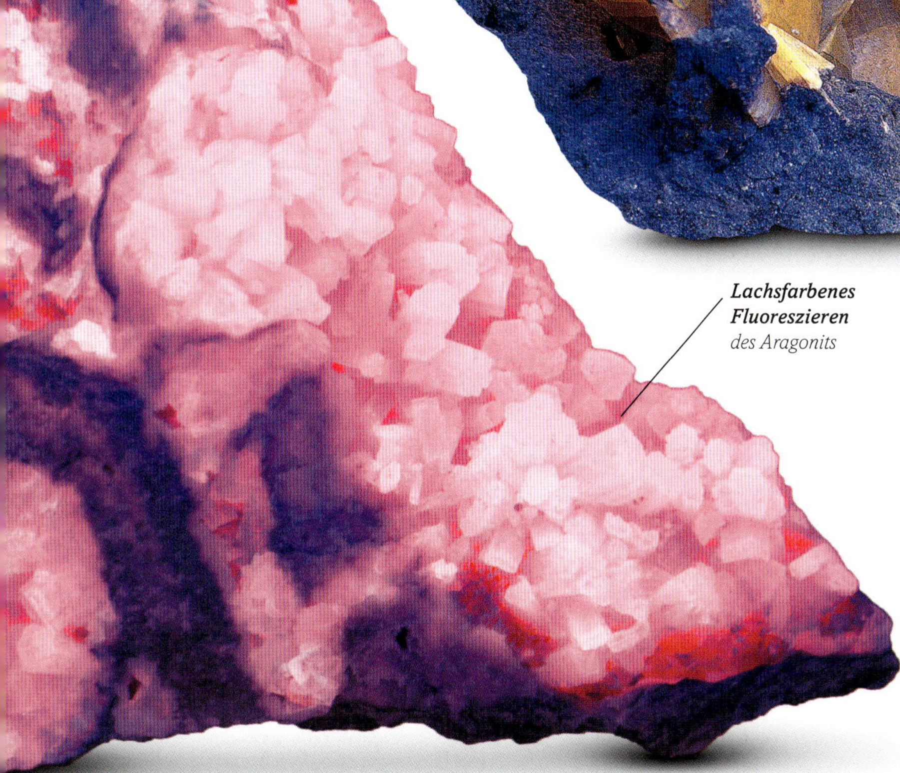

Aragonit

Lachsfarbenes Fluoreszieren *des Aragonits*

Kalzit

Ziegelrotes Glimmen *aufgrund von Manganatomen*

genauso. **Adamit**, ein Zinkarsenat, leuchtet hellgrün. **Kalzit**, einer der häufigsten Minerale der Erdkruste, ist eigentlich farblos, fluoresziert aber in Ziegelrot. Um Fluoreszenz auszulösen, ist ein „Aktivator" nötig, ein Element, dessen Atome UV-Licht absorbieren und dessen Energie im sichtbaren Lichtspektrum wieder aussenden. Ein kleiner Teil der Manganatome im Kalzit wie im **Aragonit** wirken als Aktivator. Eisen dagegen wirkt wie ein „Dämpfer" – es unterdrückt die vorhandene Fluoreszenz in Mineralen.

Wasserhaltige Minerale

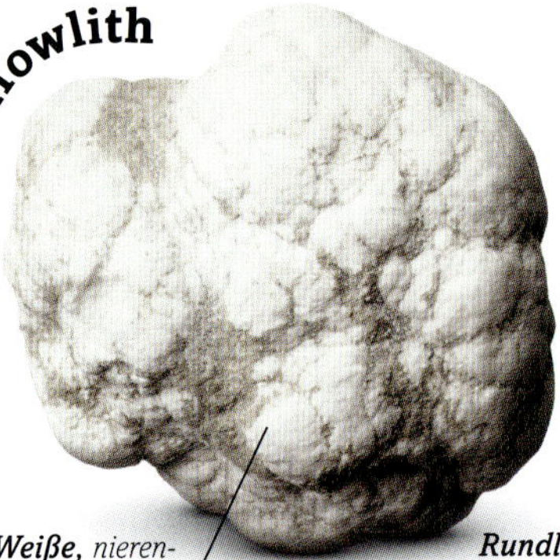

Howlith

Weiße, *nierenförmige Knolle*

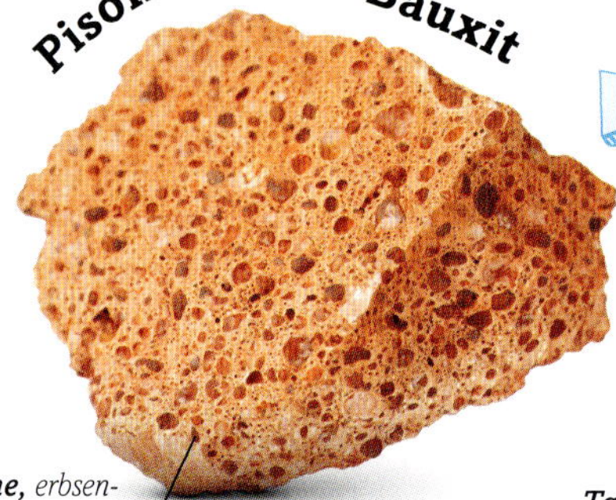

Pisolithischer Bauxit

Rundliche, *erbsengroße Körner nennt man „Pisolithe".*

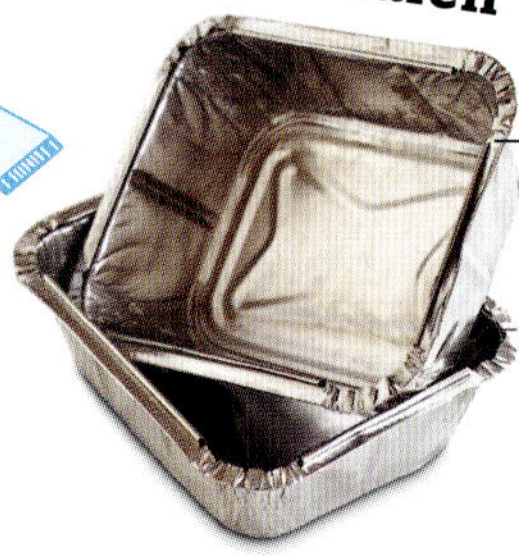

Aluminiumschalen

Aluminium aus Bauxit *ist Grundmaterial für zahlreiche Alltagsgegenstände.*

Brucit

Tafelige Kristalle *in Grundmasse*

Manganit

Dunkler Manganitkristall *enthält das Metall Mangan.*

Chrysotil

Masse *dünner Fasern*

Borax

Prismatische *Kristallform*

Seife

Seife *enthält Bor aus dem Borax.*

Kugeliger Adamit

Rundlicher, kugeliger *Kristall*

Limonit in dieser Grundmasse *ist ein wasserhaltiges Mineral.*

Goethit

Hydroxidminerale sind „Sekundärminerale", die durch die Reaktion von Wasser mit Gesteinen und Mineralen entstehen. Andere Mineralarten können „hydratisiert" werden, indem sie Wassermoleküle in das Kristallgitter einbauen.

Bauxit ist der Rohstoff für Aluminium, ein universelles Leichtmetall, das für die Herstellung von Flugzeugen, Fensterrahmen, Folien, Autofelgen und vielen anderen Alltagsgegenständen verwendet wird. **Pisolithischer Bauxit** besteht aus erbsengroßen Rundkörnern. **Diaspor**, ein

Talk

Die weiche Talkoberfläche *fühlt sich fettig an.*

Weiches Talkpulver *macht Farben geschmeidig.*

Farbe

Brasilianit

Kristalle *sind prismatisch und transparent.*

Diaspor

Der Kristall *ist dünn und transparent.*

Goethitfunde auf dem **Mars** sind Hinweise auf frühere **Wasservorkommen.**

Brucit

Faserige Varietät *von Nemalit mit feinen, langen Kristallen*

Schwarze Kristalle, *entstanden durch verwitterndes Eisenerz*

Olivenit

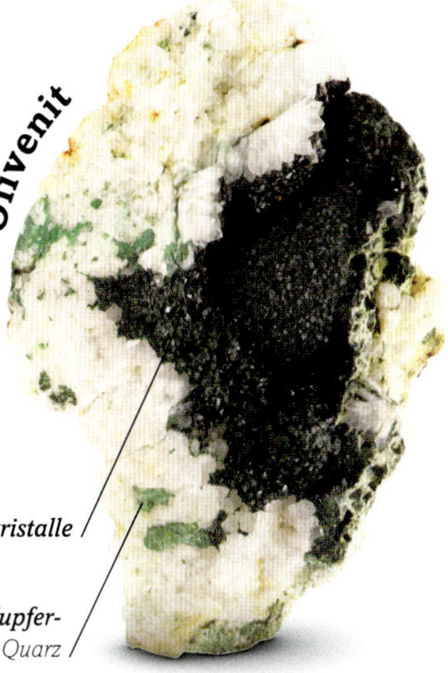

Olivenitkristalle

Sekundäres Kupfermineral *auf Quarz*

weiteres Aluminiumoxid, hat längliche dünne Kristalle. **Borax**, ein Bormineral, ist Grundstoff für Reinigungsmittel und Seifen, außerdem macht es Glas hitzebeständig. Feuerfestes Material stellte man früher durch Zumischung von **Chrysotilasbest**-Fasern her, aber seitdem bekannt ist, dass die Fasern Lungenkrebs auslösen können, wird das Mineral nicht mehr verwendet. **Talk** ist das weichste Mineral. Es ist Bestandteil von Körperpudern, wird aber auch **Farben**, Plastik und Gummi als Füll- und Trägerstoff zugemischt.

Halogenide

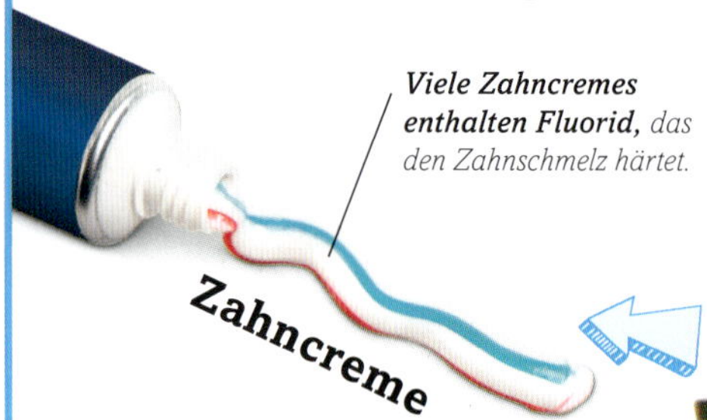

Viele Zahncremes enthalten Fluorid, das den Zahnschmelz härtet.

Schön ausgeformte grüne Fluoritwürfel

Blue John, eine Fluoritart, war geschätzt für **Trinkgefäße.**

Bänder von purpurnem und hellem Fluorit

Orange Farbe durch Spurenelemente im Mineral

Gelbbraune, recht weiche Kristalle

Halogenide sind eine Gruppe von mitunter hell glänzenden farbigen Mineralen, die entstehen, wenn sich Metalle mit einem der Halogene (Fluor, Brom, Chlor, Iod) verbinden. Viele sind wasserlöslich und fallen bei Verdunstung aus.

Fluorit ist ein Kalziumfluorid und zeigt sich in vielen schönen Farbtönen – Purpur, Orange und Grün sind am häufigsten. **Blue John** heißt ein hübscher und seltener, purpur, gelb und weiß gestreifter Fluorit. Zum Schmelzen von Erz gibt man Fluorit als Flussmittel hinzu – er senkt den

Carnallit

***Das Mineral** hat eine körnige Struktur.*

***Im Licht wechselt** die Farbe auf Purpur.*

Halit

***Kubische Salzkristalle** auf Gesteinsuntergrund*

Kalomelkristalle

***Das Mineral Kalomel** ist ein Quecksilberchlorid und sehr giftig.*

Diaboleit

Kräftiges Königsblau

Salmiak

Sylvin

***Hellrote, körnige Sylvinkristalle,** vermengt mit Quarzbändern*

Jarlit

***Wachsartige Masse** von Jarlit, als Kruste ausgebildet*

Schmelzpunkt des Nebengesteins, wodurch es leichter fließt und einfacher zu entfernen ist. Weitere Halogenide sind das Silbererz **Chlorargyrit**, **Sylvin** (für Düngemittel verwendet) und **Salmiak**, ein seltenes Aluminiumchloridmineral, das auch in den salzigen Salmiakpastillen steckt.

Das häufigste, bekannteste und bedeutendste Halogenid ist das Steinsalz oder **Halit**. Es wird nicht nur verwendet, um Speisen zu salzen und zu konservieren oder Schnee und Eis auf Straßen zu schmelzen. Steinsalz ist auch ein wichtiger chemischer Grundstoff.

Salz

Steinsalz

Kubischer Halitkristall

Weißes Steinsalz *mit blauen Beimengungen*

Salzteiche von Maras (Peru)

Salzkristalle *bilden sich in den Salzteichen durch Verdunstung von salzhaltigem Wasser.*

Salzfigur

Sediment-schichten

Meersalz

Meersalzflocken *zum Kochen*

Tafelsalz

Tafelsalz *ist aufbereitetes Meersalz.*

Streusalz

Eine Mischung aus Salz und Sand *vermindert die Rutschgefahr. Salz senkt die Schmelztemperatur von Eis und hält Straßen und Wege eisfrei.*

Gefärbte Stoffe

Farben *werden mithilfe von Salz auf Stoffen fixiert.*

Reinweiße Salzkristalle sind häufige Minerale. Salz ist lebenswichtig für Organismen und wird aus Steinsalzgesteinen oder Meerwasser gewonnen. Steinsalz, ein Halogen, besteht aus Natriumchlorid, das seit frühester Zeit gefördert und gehandelt wird.

Steinsalz, auch **Halit** genannt, findet sich in großen Steinsalzlagerstätten. Im **Salzbergwerk Wieliczka** (Polen) wird seit Tausenden von Jahren Salz abgebaut. Da sich die meisten Halide im Wasser lösen (sie machen Meerwasser salzig), kommen Salzablagerungen vor allem in

Gleichmäßige kubische Kristalle

Halit

Große Salzbergwerke erzeugen **bis zu 900 t Salz** pro Stunde.

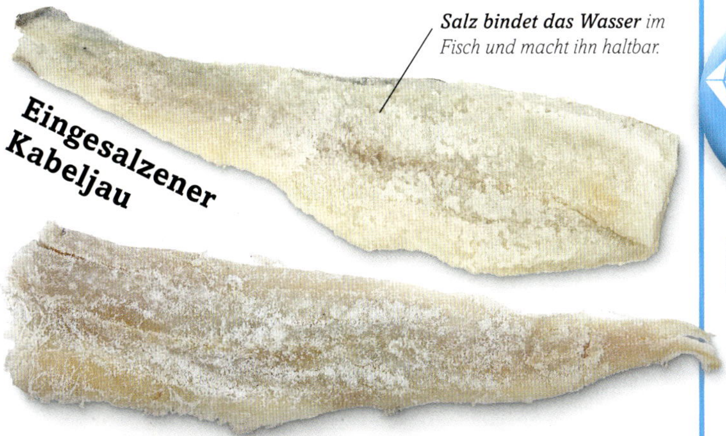

Salz bindet das Wasser *im Fisch und macht ihn haltbar.*

Eingesalzener Kabeljau

Kapelle im Salzbergwerk Wieliczka (Polen)

Unterirdisch angelegte Kapelle *aus Steinsalz in 400 m Tiefe*

Meersalz *wird zum Trocknen zu kleinen Haufen aufgeschüttet.*

Salar de Uyuni (Bolivien)

Trockengebieten vor, wo salziges Wasser verdunstet. Der **Salar de Uyuni** im Südwesten Boliviens ist die weltgrößte Salzpfanne. In angelegten Lagunen kann Salzwasser zur Salzherstellung künstlich verdunstet werden. Die **Salzteiche von Maras** (Peru) liefern seit 600 Jahren Salz. Im Winter reduziert Streusalz auf Straßen Glatteis. Salz dient auch zum Würzen und zur **Konservierung** von Lebensmitteln. Kleine Mengen Salz sind lebenswichtig – zu viel Salz kann hingegen gesundheitliche Probleme hervorrufen.

Karbonate und Borate

Maler im Mittelalter nutzten zerstoßenen Azurit zur Herstellung **blauer Farbe.**

Karbonate sind eine Familie recht weicher Minerale, die aus Metallen, Kohlenstoff und Sauerstoff bestehen. Im Meer sind große Mengen an Karbonaten gelöst und einige Meerestiere wie Muscheln und Schnecken bauen daraus ihre Gehäuse.

Die drei bedeutendsten gesteinsbildenden Karbonatminerale sind **Kalzit**, **Aragonit** und **Dolomit**. Am häufigsten ist Kalzit, ein Kalziumkarbonat, das mehr als 1000 Formen bilden kann – mehr als jedes andere Mineral –, etwa als **Doppelspat**, aus dem früher optische Lin-

GIGANTISCHER KALZIT

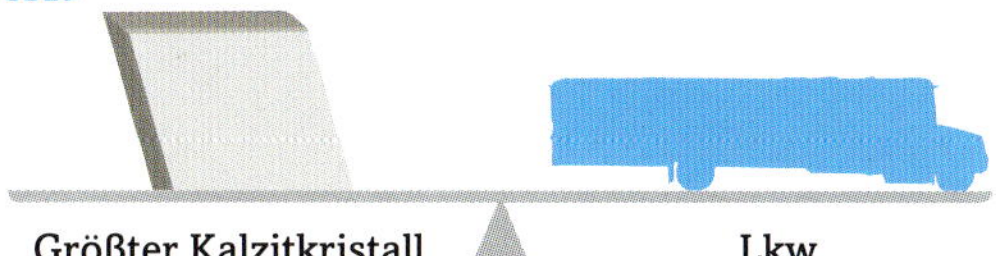

Größter Kalzitkristall
(280 t)

Lkw
(28 Lkw wiegen 280 t)

Riesenmineral
Einige Kalzitkristalle sind wahre Giganten. Der größte, der je gefunden wurde, stammt aus Island. Er wog 280 t, was etwa dem Gewicht von 28 Lkw entspricht.

sen hergestellt wurden, oder als **Hundszahnspat**. Karbonate können Rohstoff für Metalle sein – **Smithsonit** enthält Zink und **Magnesit** Magnesium. **Rhodochrosit** ist ein Manganerz, dessen Färbung von rosa bis karminrot reicht, je nachdem wie viel **Siderit** (Eisenkarbonat) es enthält. **Azurit** und **Malachit** sind beide verwitterte Hydroxide, die sich oft zusammen bilden. Malachit ist sowohl Dekorstein als auch wichtiges Kupfererz. Azurit wird mitunter zu Schmuck verarbeitet, ist aber für einen Edelstein zu weich. Außerdem verliert er bei Wärme seinen Glanz.

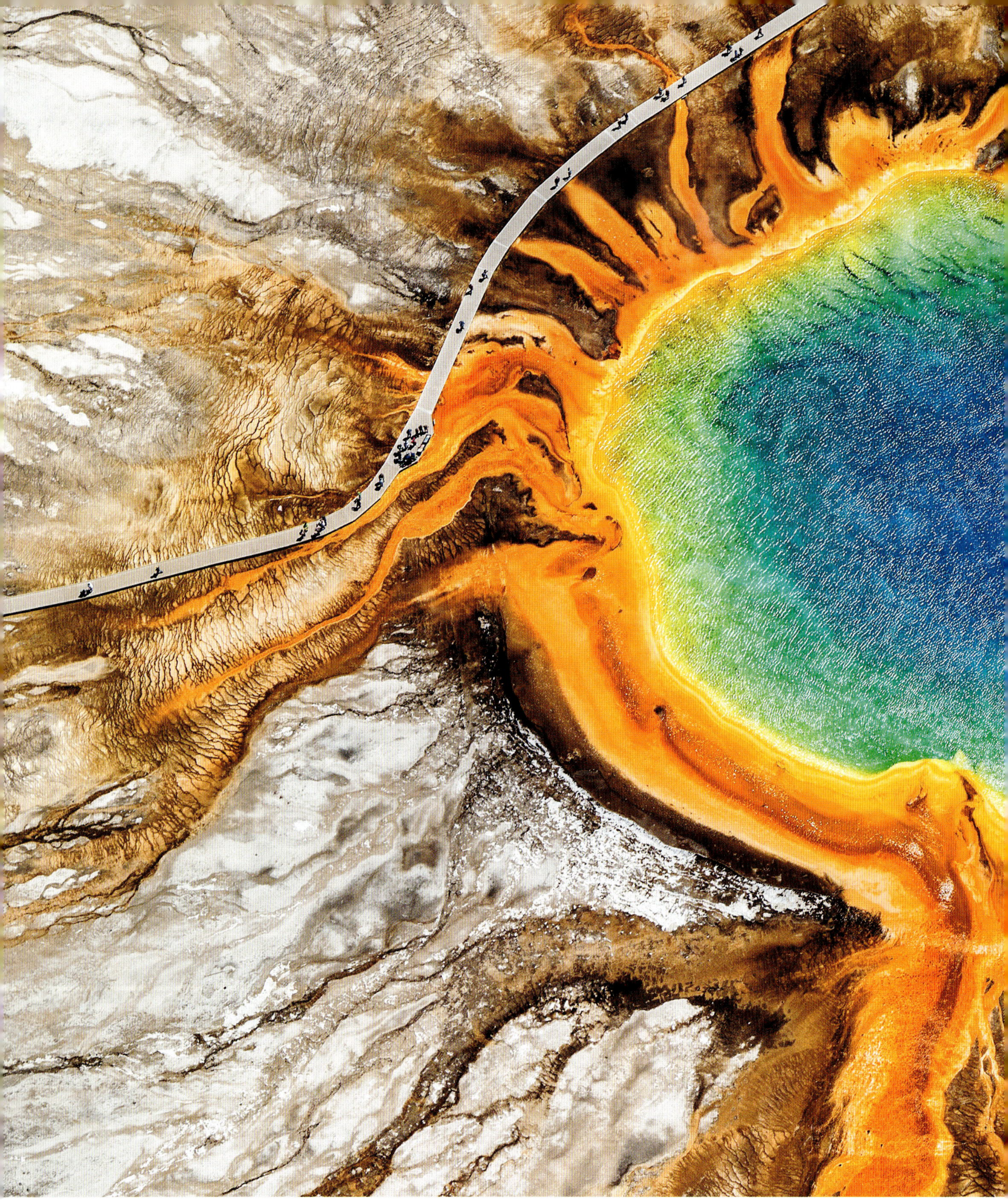

SPEKTAKULÄRE HEISSE QUELLE Die Grand Prismatic Spring im Yellowstone-Nationalpark (USA) ist die drittgrößte Thermalquelle der Welt. Sie zeigt eine faszinierende Farbvielfalt: von Tiefblau im Zentrum, wo das Wasser am heißesten ist, zu Gelb, Orange und Rot am Rand, wo es kühler wird.

Dieses Farbmuster spiegelt die unterschiedlichen Bakterien wider, welche die einzelnen Temperaturzonen besiedeln, sowie bestimmte Minerale, z. B. Schwefel. Wasser mit Temperaturen von bis zu 85 °C wallt im Zentrum der Grand Prismatic Spring auf. Die gesamte Energie, die diese sowie 10 000 weitere heiße Quellen aufheizt, stammt von einem tief unterhalb des Parks ruhenden Supervulkan, der vor 640 000 Jahren das letzte Mal ausgebrochen ist. Seine riesige Magmakammer erhitzt das Porenwasser, das die Minerale im Gestein langsam auflöst, bis auf über 400 °C. Diese heißen Lösungen lagern die in ihnen gelösten Minerale in Poren und Höhlungen ab und verändern damit die Mineralzusammensetzung im Gestein.

Malachit

Urne und Sockel, *aus Malachit gemeißelt*

Malachiturne

Traubiger Malachit

Rundliche Malachitklumpen

Wachstumsringe zeigen, wie der Malachit gewachsen ist.

Malachitfigur

Tierfigur, aus Malachit gemeißelt

Isaakskathedrale (Russland)

Mit Malachit verkleidete Säulen

Strahlenförmige Kristallanordnung

Schmuckkästchen

Schmuckschatulle, mit dünnem Malachitfurnier belegt

Gestreifter Malachit

Hellgrüner Malachitblock mit dunkler Streifung

Der Name Malachit kommt von dem griechischen Wort für „grün“, was nicht weiter verwundert. Das flaschengrüne Mineral ist chemisch ein Kupferkarbonathydroxid. Seit Jahrhunderten dient es zur Schmuckherstellung sowie als Rohstoff für Kupfer.

Eine grüne Malachitkruste auf Gestein ist ein Zeichen für darunter verborgene Kupferminerale. Das machen sich Geologen zunutze, die eine Gegend nach Rohstoffen absuchen. Malachit entsteht immer dann, wenn Kupfererze mit sauren, karbonathaltigen Wässern reagieren.

Malachit

Malachitanhänger

Die polierte Oberfläche *zeigt die Bänder im Inneren.*

Altägyptisches Gemälde

Die blaue Farbe *in diesem Wandgemälde besitzt Malachitpigment.*

Manche Malachite **bilden** sich als **Stalaktiten** in Höhlen.

Malachit-Stalaktit

Anordnung *von strahlenförmigen Faserkristallen*

Aztekisches Messer

Holzgriff, *mit Malachitspänen dekoriert*

Faseriger Malachit

Azurit in Malachit

Blauer Azurit *tritt oft zusammen mit Malachit auf.*

Malachitpigment

Blaugrünes Malachitpulver *für Farben und Make-up*

Größere Brocken zeigen oft **traubige** Formen mit rundlichen Massen. Jeder Brocken besteht aus vielen Lagen Kristall, der sich, wenn man ihn aufsägt und poliert, als wellige, blumenförmige Struktur erweist. Da Malachit weich ist, wird er oft zu **Figuren** und Ornamenten geformt. Rund 16 000 kg Malachit wurden in der **Isaakskathedrale** in Sankt Petersburg (Russland) verbaut. Gemahlener Malachit, angerührt mit Wasser oder Öl, war früher ein **Pigmentfarbstoff**, den viele Künstler für ihre Gemälde verwendeten.

Sulfatminerale

Bitter-salz, das in der **Medizin** Verwendung findet, wird aus Epsomit hergestellt.

Chalkanthit

Sulfate, Wolframate, Chromate und Molybdate sind Minerale, die sich chemisch sehr ähnlich sind. Bei ihrer Bildung verbindet sich Sauerstoff jeweils mit Schwefel, Wolfram, Chrom und Molybdän. Am häufigsten sind Sulfate.

Viele der Sulfatminerale sind wichtige Metallträger. **Anglesit**, benannt nach der walisischen Insel Anglesey, ist ein Bleisulfat. **Coelestin** enthält das Metall Strontium, das pulverförmig in Feuerwerkskörpern verwendet wird und Kaskaden roter Funken bildet. Seine hübschen,

GIGANTISCHER GIPSKRISTALL

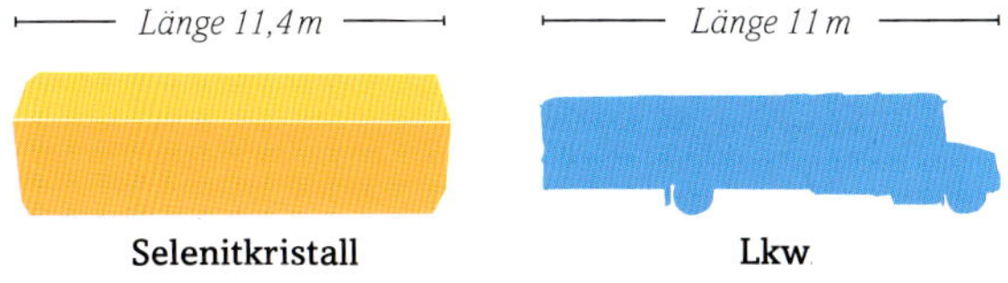

Der längste Kristall
Der längste je gefundene Selenitkristall wurde in der mexikanischen „Höhle der Kristalle“ entdeckt. Er ist etwa so lang wie ein Lkw und kommt auf ein erstaunliches Gewicht von 50 t.

sehr hellen Kristalle sind hochbegehrt. **Wulfenit** dient als Rohstoff für Molybdän, ein Metall, das Stahl sehr hart macht. Wolfram wird aus dem Erzmineral **Scheelit** gewonnen, das 1781 von dem deutsch-schwedischen Chemiker Carl Wilhelm Scheele entdeckt wurde. Wolfram hat den höchsten Schmelzpunkt aller Metalle und wird als Glühdraht in Lampen sowie für Heizgeräte verwendet. In der Medizin wird in Röntgenkontrastmitteln Barium aus dem Mineral **Baryt** eingesetzt, um die Konturen des Verdauungstrakts sichtbar zu machen.

Gips

Selenit

Durchsichtige Gipsart *in typischer Hörnerform*

Schwalbenschwanzzwilling

Bündel von Gipskristallen *in V- oder Schwalbenschwanzform*

Gipsgestein

Verwachsene Gipskristalle

Sterngips

Gipskristalle *in Stern- oder Blumenform*

Eyre-Salzsee (Australien)

Der ausgetrocknete Seeboden *enthält Gips.*

Sphinx aus Alabaster

Ägyptische Statue *aus Alabaster*

Mars

Gipsablagerungen, *auf dem Mars entdeckt*

Marienglas

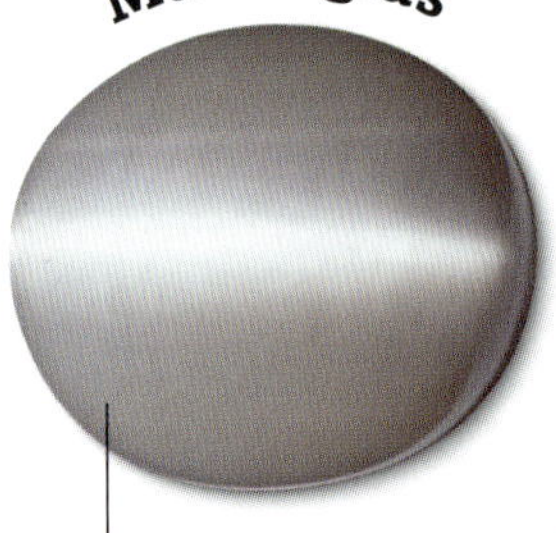

Polierter Fasergips *zeigt Perlmuttglanz.*

Gips besteht aus Kalziumsulfat und ist eines der meistgenutzten Minerale der Erde – 200 Mio. t werden jedes Jahr gefördert. Aus Gipspulver werden Gipsplatten (Rigipsplatten) gepresst, mit denen Innenwände in Häusern verkleidet werden.

Gipskristalle bilden sich, wenn Wasser verdunstet, das reichlich gelöste Kalzium- und Sulfationen enthält. Gips ist deshalb oft in Wüsten zu finden, wo flache Seen leicht austrocknen, oder in Höhlen, die einst Wasser enthielten. Große Gipskristalle nennt man **Selenite**, sie sind meist

Gips

Grüner Selenit

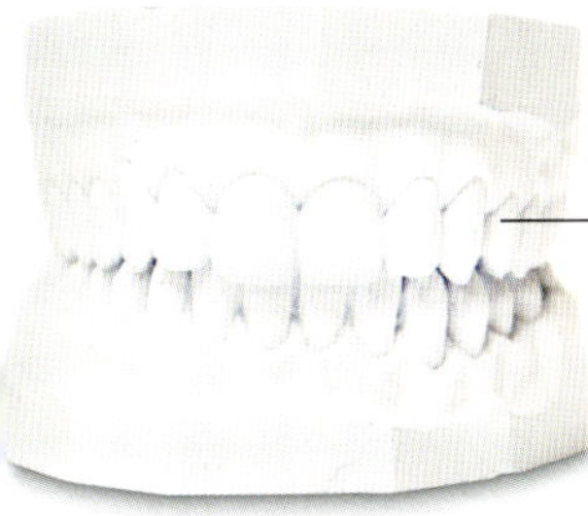

Gebissabdruck aus Gips

Wüstenrosen, eine Gipsform, findet man in Wüsten, die einst Seen enthielten.

Alabasterskulptur

Tofuwürfel

Mit Stuck verzierte Säule

Wüstenrose

White Sands National Monument (USA)

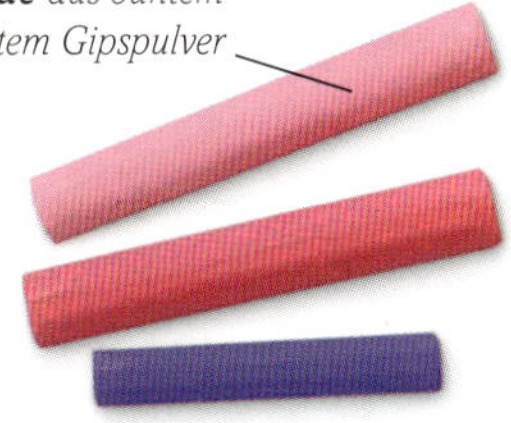

Malkreide

durchsichtig und milchig gefärbt. Kleinere Kristalle fügen sich häufig zu **Gipsgestein** zusammen. Sind die Kristalle sehr feinkörnig, handelt es sich um die Gipsart **Alabaster**, aus der man Figuren und Skulpturen „schnitzen“ kann. Gips enthält im Kristallgitter stets Wasser. Erhitzen treibt dieses Wasser aus und erzeugt ein Pulver, den Gipsmörtel oder **Stuck**. Gibt man erneut Wasser dazu, entsteht eine Paste, die geformt oder verteilt werden kann. Beim Austrocknen dringt das Wasser wieder in die Kristalle ein und lässt den Gips aushärten.

HÖHLE DER KRISTALLE

Als Bergleute im Jahr 2000 eine über 300 m tiefe Bohrung in die Gesteine der Naica-Minen in Nordmexiko trieben, machten sie eine unglaubliche Entdeckung. Beim Durchbohren einer Höhlendecke stießen sie auf eine Kammer, die Cueva de los Cristales („Höhle der Kristalle"), mit riesigen Säulen aus Gipskristallen, die vermutlich seit Millionen Jahren dort wachsen.

Die gigantischen durchscheinenden Höhlenkristalle bestehen aus der Gipsart Selenit. Dieses Mineral ist zwar nicht selten, aber die schiere Größe der Kristalle macht sie zu einem Naturwunder. Einige sind mehr als 10 m lang. Seit Millionen Jahren wird die Höhle von gipsreichen Grundwässern geflutet. Zusätzliche Aufheizung durch eine darunter liegende Magmakammer ließ die Selenitkristalle unter Idealbedingungen wachsen. Als das Bergwerkswasser abgepumpt wurde, wurden die Kristalle freigelegt. Sobald die Mine ausgebeutet sein wird, will man die Höhle erneut mit Wasser fluten. Derzeit, bei 100 Prozent Luftfeuchtigkeit und rund 50 °C, ist das kristalline Naturwunder stabil.

Phosphatminerale

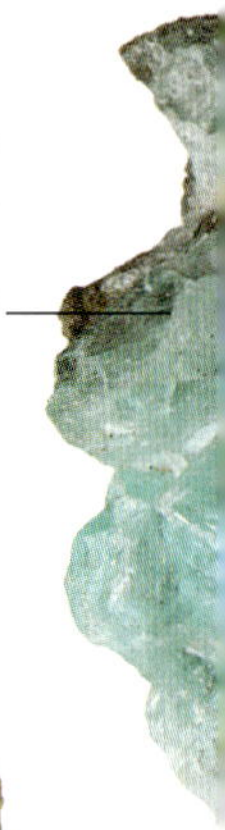

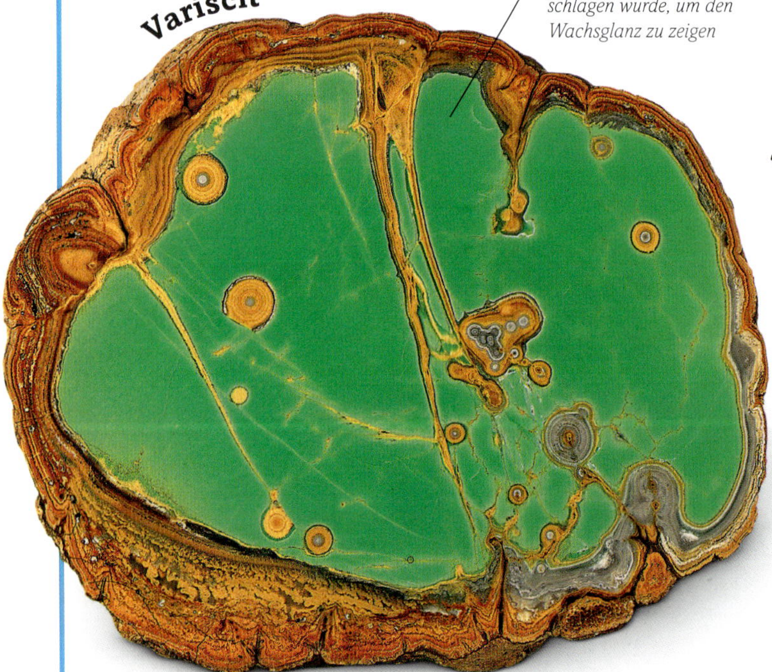

Variscit leitet sich vom lateinischen Wort für **„Vogtland“** ab, wo er entdeckt wurde.

Phosphate bilden eine Familie von Mineralen, die Phosphor und Sauerstoff enthalten. Sie sind Teil einer größeren Gruppe, zu denen auch Arsenate und Vanadate zählen. Leuchtende Farben sind charakteristisch für diese Mineralgruppe.

Türkis wird seit Tausenden von Jahren geschürft und war in vielen Kulturen ein geschätzter Edelstein. Der Halbedelstein **Variscit** wird oft mit Türkis verwechselt, er ist aber von einem intensiveren Grün. **Vivianit** färbt sich an der Luft von Hellblau bis zu dunklem Blaugrün. **Apatit** ist das

Phosphophyllit

Wavellit

Wavellit wächst *in Form radialstrahliger Scheiben.*

Carnotit

Gelbe Krusten *pulvrigen Carnotits auf Sandstein*

Streichhölzer

Streichholzköpfe *enthalten Phosphor aus dem Mineral Wavellit.*

Klinoklas

Radialstrahliger *Kristall in Rosettenform*

Mimetesit

Mimetesitkristalle *ähneln jenen von Pyromorphit.*

Vanadinit

Adamantit *(glänzend), prismatische Kristalle*

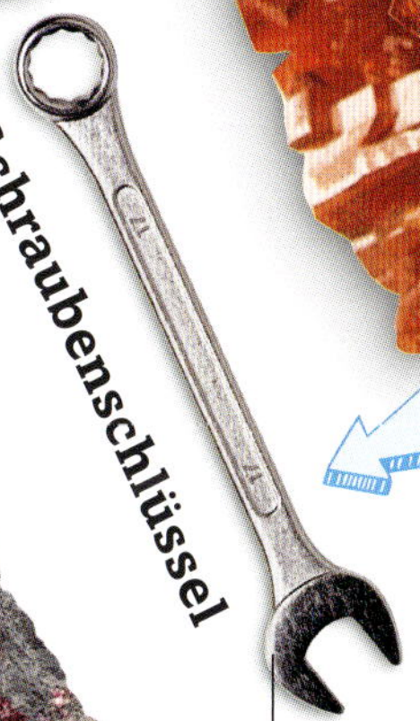

Schraubenschlüssel

Schraubenschlüssel *enthalten Vanadium (aus dem Mineral Vanadinit), Chrom und andere Metalle zur Stahlhärtung.*

Erythrin

Kräftig purpurfarbene *Kristalle mit Kobalt und Arsen*

am weitesten verbreitete Phosphatmineral. Im menschlichen Körper baut es Zahnschmelz und Knochen auf. In Gesteinen gehört es zu einer Mineralgruppe mit Chlorapatit und Fluorapatit. Phosphatminerale sind die wichtigsten Lieferanten für Düngerphosphat – 200 000 t phosphathaltiges Gestein werden pro Jahr für Dünger abgebaut. Zur Phosphatfamilie zählen Vanadate (mit Vanadium) und Arsenate (mit Arsen). Der Kobalt führende **Erythrin** ist ein Arsenat. Das Vanadat **Carnotit** enthält radioaktives Uran als Brennstoff für Kernkraftwerke.

Silikate

***Schön ausgebildeter** zwölfflächiger (dodekaedrischer) Kristall*

Glasartiger, grüner Kristall

***Dunkle Kristallprismen** in hellem Gestein*

***Rötlichbraune Kristalle,** auch Zimtsteine genannt*

***Flugzeuge** enthalten oft Bauteile aus leichtem Titan.*

***Brauner, keilförmiger Kristall** mit glasartiger Oberfläche*

***Lange blaue** Kristallstängel, die leicht abplatzen*

Das griechische Wort für **„geringer“** hat dem weichen Hessonit seinen Namen gegeben.

Silikatminerale sind die häufigsten Minerale der Erdkruste. Sie bestehen aus Sauerstoff und Silizium sowie anderen Elementen, meist Metallen. Sie finden sich in Sand, Ton und in vielen magmatischen und metamorphen Gesteinen.

Silikate werden anhand ihrer Kristallstrukturen unterteilt. Auf dieser Doppelseite sind Insel- und Gruppensilikate abgebildet. **Peridot** gehört zu einer Untergruppe der Inselsilikate, den Olivinen. Diese sind die Hauptminerale im Oberen Erdmantel. **Almandin** und **Hessonit**

sind Mitglieder der Granatgruppe und somit Inselsilikate. Sie zählen zu den härteren Mineralen, sind aber weicher als Diamant, Korund, Beryll und Topas. Früher waren Almandin und Hessonit begehrte Schmucksteine. Die Inselsilikate **Staurolith**, der häufig vorkommt, und **Kyanit** enthalten Aluminium. **Vesuvian**, ein Gruppensilikat, fand man zuerst am Vulkan Vesuv, weshalb es auch nach diesem benannt wurde. **Epidot** zeigt ein helles bis dunkles Pistaziengrün, wird aber nur selten als Edelsteinmaterial gehandelt.

Rhodonit

Spröde Plättchen *aus rosafarbenen Kristallen*

Wollastonit

Faserige Lagen *leicht spaltbarer Kristalle*

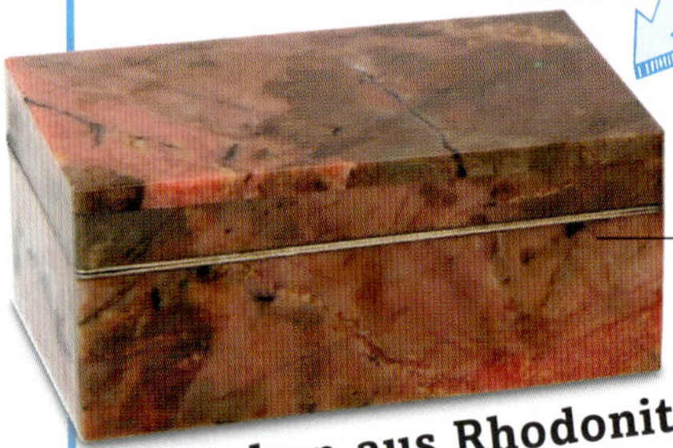

Rhodonit *lässt sich leicht bearbeiten.*

Kästchen aus Rhodonit

Astrophyllit

Goldene Kristalle *zerbrechen zu Plättchen.*

Augit

Dunkler, *fast opaker Kristall*

SUPERGRUPPE

Minerale der Erdkruste

Allgegenwärtige Silikate
Es gibt über 1000 Arten von Silikatmineralen. Sie machen über 90 Prozent aller Minerale von Erdkruste und Erdmantel aus.

Indigolith

Große blaue *Kristalle*

Schwarzer Turmalin

Dunkle Kristallprismen

Die Gruppe der Kettensilikate trägt diese Bezeichnung wegen ihrer kettenförmigen Kristallstruktur. **Augit** ist ein typisches Beispiel, er kommt sehr häufig in Basalten und anderen dunklen magmatischen Gesteinen vor. **Wollastonit** entsteht durch magmatische Aufheizung von Kalkstein. **Rhodonit** leitet sich von dem griechischen Wort für Rose ab – seine Rosafärbung geht auf Mangan zurück. Ein weiteres Kettensilikat ist **Hornblende**, die früher irrtümlicherweise für wertvolles Erz gehalten wurde. Ringsilikate haben einen ringförmigen

Beryll: Morganit

Rosafarbene Kristalle

Stängeliger, sechsseitiger Kristall

Beryll: Heliodor

Der größte **Kristall** ist ein Beryll von **18 m Länge.**

Hornblende

Dunkle Kristalle *wachsen als lange Prismen mit seitlichen Riefen.*

Wassermelonen-Turmalin

Rote Kristalle, *umgeben von grünen Turmalinen*

Grünblaue *prismatische Kristalle bilden eine funkelnde Kruste.*

Dioptas

Rosafarbener Kristall *mit runden Flächen*

Elbait

Kristallaufbau, Turmalin ist einer der bekannteren Vertreter. Seine Edelsteinvarianten kommen in vielen Farben vor, die häufigste ist **Schwarzer Turmalin**. Ein weiteres farbenprächtiges Ringsilikat ist Beryll, ein häufig vorkommendes Mineral, das oft prismatische Kristalle bildet. **Morganit** ist seine rosafarbene Form, **Heliodor** die gelbe. Die grüne Variante ist sehr begehrt – es ist der Smaragd. **Dioptas** wird oft mit dem Smaragd verwechselt, ersterer ist jedoch viel empfindlicher und deshalb als Schmuckstein unbrauchbar.

Badewanne

***Aus Quarzgestein gemeißelte** Badewanne mit auffälligen, sich abwechselnden weißen Quarz- und violetten Amethystbändern*

Amethystgeode

Pyramidenförmiger Kristall

Achatartige Streifen

Chrysopras

***Kleine Kristalle,** nur unter dem Mikroskop sichtbar*

Quarz

Prismatischer Kristall

QUARZKOLOSS

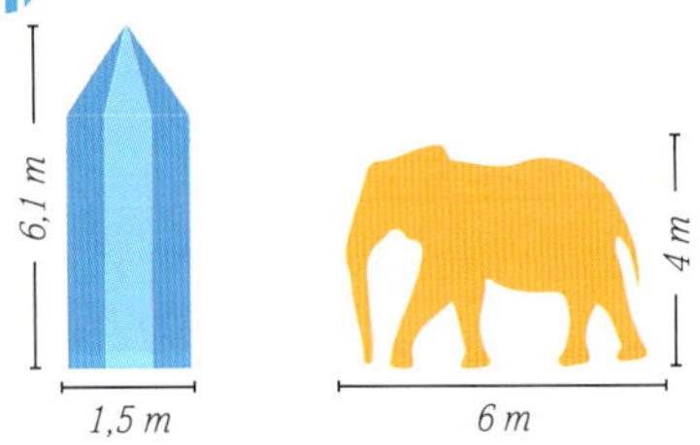

Größter Quarzeinkristall — **Afrikanischer Elefant**

Kristallturm

Der größte je gefundene Quarzkristall stammt aus Itapore (Brasilien). Er hat eine Höhe von 6,1 m und wiegt mehr als 44 t – etwa 10-mal so viel wie ein Afrikanischer Elefant.

Hammerstiel aus Glasfaser

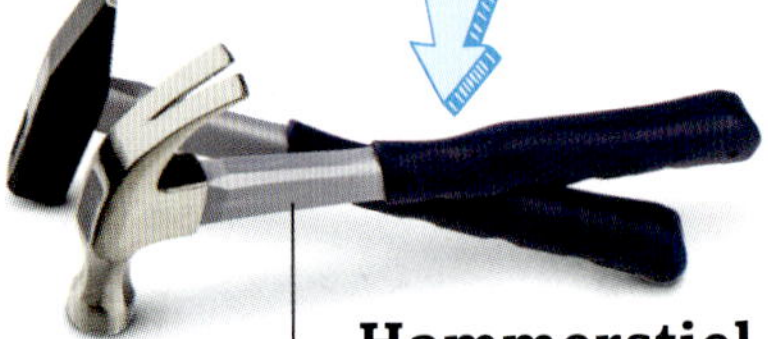

***Glasfaser,** hergestellt aus SiO_2 (Quarz)*

Achat

***Ringe** aus winzigen Kristallen*

Quarz zählt zu den häufigsten Mineralen der Erdoberfläche. Sand und Sandstein bestehen meistens aus Quarzkristallkörnern und in vielen magmatischen Gesteinen wie Granit ist Quarz enthalten. Er ist ein Gerüstsilikat, das heißt, in der Kristallstruktur sind die Silikatgruppen spiralig angeordnet. Quarz zeigt sich in vielen Farbvarianten. **Amethyst** ist violett, was auf seinen Eisengehalt zurückgeht. Das Mineral wurde vermutlich nach einem Mädchen gleichen Namens aus der griechischen Mythologie benannt. Viele Amethyste und

Albit

Tugtupit

Haüyn

Amazonit

Stilbit

Anorthit

Orthoklas

Glasflaschen

Orthoklas *ist ein Rohstoff für die Glasherstellung.*

Opal

Forscher fanden auf dem **Mars** Spuren von **Opal.**

andere Quarzarten bilden sich als Geoden, mit Lösungen gefüllte Hohlräume im Gestein, an deren Wänden Minerale ausfallen und nach innen wachsen. **Achat** ist mikrokristalliner Quarz, besteht also aus winzigen Kristallen mit glatter Oberfläche. **Opal** hingegen ist wasserhaltiges Quarzmaterial ohne Kristallstruktur. Die Feldspäte **Albit** und **Orthoklas** sind die häufigste Silikatart in Gesteinen. **Stilbit** hat tafelige Kristalle mit Perlmuttglanz. Sie können eine Länge von bis zu 10 cm erreichen.

Topas

Sherrytopas

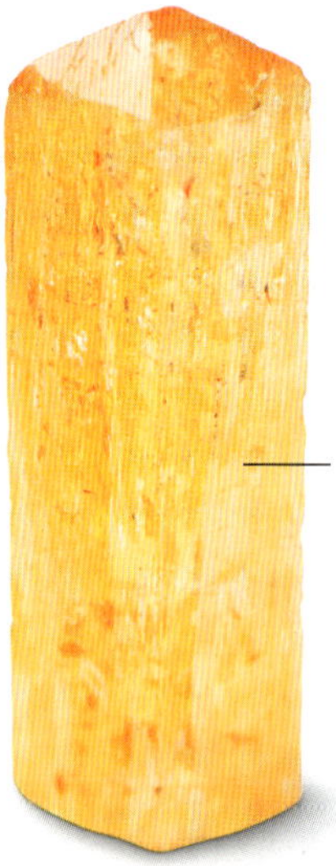

Kristall *von orange-gelber Farbe*

Ring mit Topas

Seltener *rosafarbener Topas*

Russischer Abendmahlkelch

Goldener Messkelch, *mit Topas und anderen Edelsteinen geschmückt*

Unbehandelter Topas

Kristall *in natürlicher Pyramidenform*

Topas im Ovalschliff

Der seitliche *Treppenschliff fängt viel Licht ein.*

Roter Topas

Hochwertiger, rotbrauner *Kristall aus Brasilien*

Topas in Pegmatit

Großer Kristall *auf Tiefengestein*

Topas

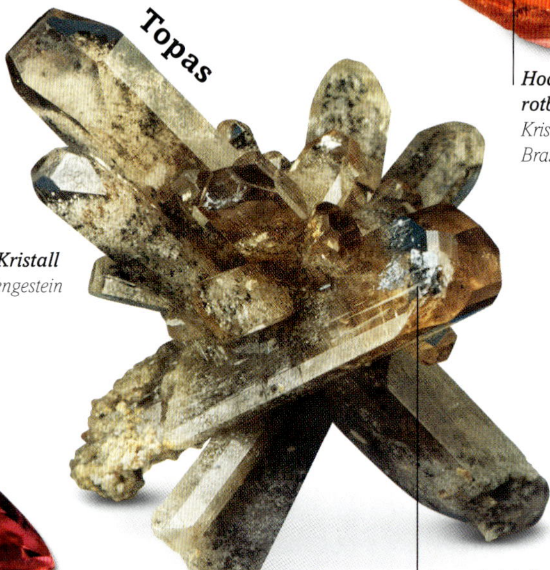

Topaskristalle

Rosafarbener Topas

Tropfenschliff

„Topas“ („Feuer“) stammt aus der altindischen Sprache Sanskrit und weist auf die Farbe des Minerals hin. Früher wurden viele gelbe Edelsteine wie Peridot und Granat Topas genannt. Topas wurde schon im alten Ägypten, Griechenland und Rom geschätzt.

Der früheste Hinweis auf Topasvorkommen verweist auf die St.-Johannes-Insel im Roten Meer, früher bekannt als Topasios. Heute vermutet man, dass auf der Insel wahrscheinlich eher Peridot gefunden wurde. In Sri Lanka findet man Topase in Flusskies, wo sie von der Strömung durch Abrieb

Halskette mit Topasen

Kleine blaue Topassteine *mit gekrümmter Oberfläche*

Blauer Topas wird durch **Bestrahlung dunkler.**

Sherrytopas

Goldbraune Exemplare *nennt man Sherrytopase.*

Gemischter Topasschliff

Der Schliff zeigt *Farbe und Glanz.*

Topas, in Gold gefasst

Naturblauer Topas *kann blass wirken.*

Einlegearbeit aus Topas

Orangefarbene *Abschnitte aus Topas in Marmor*

Topas auf Muskovit

Bläulich-grauer Topas

Figur mit blauem Topashalsschmuck

Blauer Topas

RIESIGER EDELSTEIN

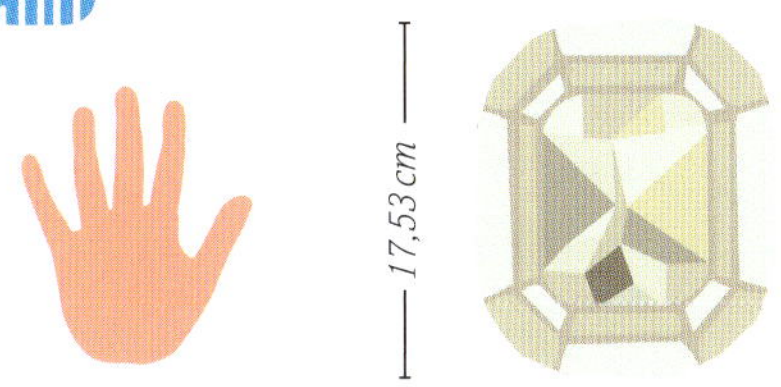

American Golden Topaz

König der Topase

Der „American Golden Topaz“, einer der größten gelben Topaskristalle der Erde, stammt aus Minas Gerais (Brasilien). Er wurde zu einem Schmuckstein mit 172 Kristallflächen geschliffen und wiegt 4,58 kg.

rund geschliffen worden sind. In anderen Gebieten der Erde kennt man Topase aus magmatischen Gesteinen, die langsam unter der Erde abkühlten. Topas kommt in Granit, Rhyolith und in **Pegmatit**-Hohlräumen vor. Die meisten Topase sind gelb und braun, es gibt aber auch farblose und graue, seltener auch **rosafarbene** und blaue. Goldbraune **Sherrytopase** aus Brasilien sind besonders wertvoll. Topas wird für **Ketten** und **Ringe**, auch für **Marmoreinlegearbeiten** oder andere Dekorobjekte verwendet, etwa in dem abgebildeten **Abendmahlkelch** aus Russland.

Jade

Nephrit

Imperial-Jade

Dolchgriff

Fest verzahnte Fasern können Nephrit **stabiler als Stahl** machen.

Halskette aus Jadeitkugeln

Buddha aus Nephrit

Chinesisches Drachenboot

Gravieren in Jade

Jade ist ein meist grünes Mineral aus winzigen Kristallen. Es ist sehr hart, kann aber zu filigranen, glatten Ornamenten bearbeitet und poliert werden. Künstler in aller Welt schätzen Jade seit Jahrhunderten als Schmuckstein.

Bei Jade handelt es sich um eine ganze Gruppe von Mineralen. Grüner Serpentin wird oft mit Jade verwechselt. Echte Jade ist entweder **Nephrit** oder **Jadeit**. Jadeit ist ein Kettensilikat, das Natrium, Aluminium und Eisen enthält. Seine winzigen Kristalle verzahnen sich zu einer

Lavendeljadeit

Violette Farbe wie Lavendel, *geht auf Mangan zurück*

Mexikanische Maske

Maske *aus Jadeit*

RIESIGER JADEBUDDHA

Jadebuddha als Friedenssymbol
Diese 4 t schwere Buddhastatue, gehauen aus einem einzigen Stück Nephrit, ist in Australien zu Hause, wird aber vielen Buddhisten in der ganzen Welt gezeigt.

Prinzessin Tou Wans Totengewand

Hunderte von Jadeplatten, *mit Goldfäden aneinandergenäht*

Nephrit als Grundmasse

Nephrit im Rohzustand

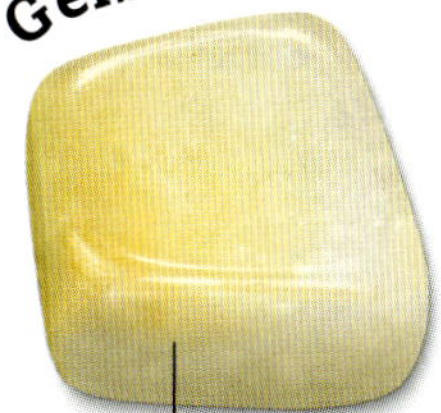

Gelbe Jade

Gelbe Jade *ist sehr selten.*

Chinesische Drachenvase

Die kunstvolle Bearbeitung *nutzt die Abfolge der Farben.*

Violette Jade

Verwitterungskruste *an der Jadeoberfläche*

harten, wie Wachs aussehenden Masse. In Reinform ist Jadeit cremefarben, verschiedene Spurenelemente verleihen den Varietäten ihre Farben. Grüner Jade enthält Eisen, **lilafarbener** Mangan und **gelber** mehrere Elemente. Im alten China glaubte man, Jade würde Dämonen fernhalten und Unsterblichkeit verleihen, für Adelige wurden **Totengewänder** aus Jadeplatten angefertigt. Alte chinesische Jadeobjekte sind aus Nephrit gemacht, jüngere dagegen aus Jadeit, von dem in Myanmar große Funde gemacht wurden.

JASPIS-WASSERFÄLLE

Im Nationalpark Canaima im Süden Venezuelas (Bundesstaat Bolívar) plätschert ein Fluss über rot-schwarz gestreifte Felsstufen. Diese Kaskaden, die in der Sprache der einheimischen Pémon-Indios „Kako Parú“ heißen, bestehen aus hartem Jaspis. Das durch das Blätterdach fallende Sonnenlicht schimmert auf dem Stein und erzeugt ein faszinierendes Naturwunder.

Einige der ältesten Sandsteinfelsen der Erde befinden sich im Hochland von Guayana, einem großen Felsmassiv im Nordosten Südamerikas. Hier ragen zahlreiche eigentümliche Tafelberge in die Höhe, die Tepuis. Die mehr als 2 Mrd. Jahre alten Felsen enthalten jüngere Mineralablagerungen, die sich aus siliziumreichen Lösungen in Klüften abgeschieden haben.

Jaspis ist ein kryptokristalliner Quarz, dessen verzahnte Kristalle nur unter dem Mikroskop zu erkennen sind. Die rote Farbe wird durch Eisen hervorgerufen, schwarzer Jaspis enthält besonders viel davon. Lichtabsorption und -reflexion verleihen der Oberfläche einen wachsartigen Glanz und schimmernde Tiefe. Fällt das Licht senkrecht ein, leuchten die Jaspisstufen golden.

Rubin und Saphir

Rubin in Gesteinsbrocken

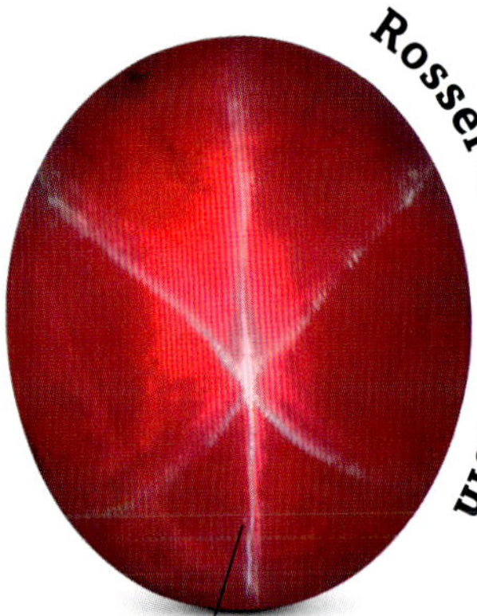

Rosser-Reeves-Rubin

Ruskins Rubin

Rubin mit Ovalschliff

Russisches Diadem

Libellenbrosche

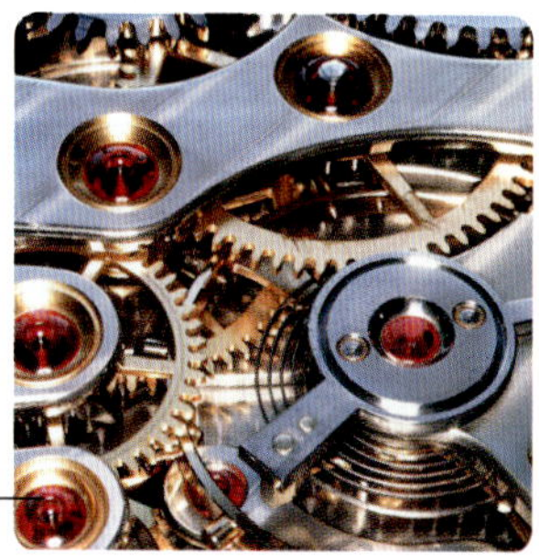

Rubinlager

Carmen-Lúcia-Rubinring

Rubine sind rot, Saphire blau – doch beide bestehen aus dem gleichen Mineral: Korund. Spurenmetalle geben diesem Aluminiumoxid seine jeweilige Farbe. Während Rubine eher klein ausfallen (mehr als 10 Karat sind selten), können Saphire sehr groß werden.

Rubine sind prachtvolle rote Steine, die in Marmor und anderen metamorphen Gesteinen vorkommen. Die Mehrzahl der Rubine mit Edelsteinqualität, etwa der **Carmen-Lúcia-Rubin**, kommt aus Myanmar. Der rote Rubinfarbstoff ist Chrom. Symmetrisch verteilte,

Bismarck-Saphiranhänger

Massiver blauer Saphir, *umgeben von 8 kleinen quadratischen Saphiren und 312 Diamanten*

Ein Saphir kann nur mit einem **Diamant** oder anderem Saphir geritzt werden.

Saphirkiesel

Ungeschliffene Rohsaphire

Black Star of Queensland

Diamanten *um einem 733-Karat-Saphir (146,6 g)*

Blauer Saphir

Tiefblauer, derber Korund

Unbearbeiteter Saphir

Rohsaphir, *vom Wasser gerundet*

Korund

Sechsseitiger Kristall

Rosafarbener Saphir

Dieser Saphir *zeichnet sich durch dreieckige Schlifflächen aus.*

Logan-Saphir

Blauer Saphir *mit 423 Karat (84,6 g)*

Synthetischer Korund

Synthetischer Edelstein *hat keinerlei Einschlüsse.*

titanhaltige Kristallnadeln in Rubinen wie im **Rosser-Reeves-Rubin** erzeugen Lichtreflexe. Während Rubin ausnahmslos rot ist, kann Saphir verschiedene Farben annehmen. Am häufigsten sind **blaue Saphire**, aber auch **rosafarbene** kommen vor. Der 733-Karäter **Black Star of Queensland** ist wegen seiner Größe ein seltenes Exemplar. Saphire und Rubine kann man auch künstlich erzeugen. **Lagerrubine** sind wichtig für mechanische Uhrwerke, heute werden künstliche Rubine statt natürlicher Steine verwendet.

Smaragd

Smaragde auf Diamantdiadem

Aquamarin

Spurenelemente verleihen dem hexagonalen Prisma die blaugrüne Farbe.

Smaragde im Gestein

Smaragdkristalle in Pegmatit

Geschliffener Smaragd

Smaragdschliff für funkelnde Brillanz

Smaragd aus der Carniaba-Mine (Brasilien)

Rohsmaragd-Kristall

Hexagonaler Kristall

Turbanverzierung

Poliertes Smaragdgeschmeide in Gold

Künstlicher Kristall mit gleicher Farbe und Struktur wie natürlicher Smaragd

Synthetischer Smaragd

Smaragde zählen wegen ihrer tiefgrünen Farbe zu den wertvollsten Edelsteinen. Der beliebteste Schliff ist rechteckig oder quadratisch mit schrägen Ecken. Smaragde bilden sich oft in Kalzit- oder Quarzadern, in dunklen Schiefern und Kalkstein.

Smaragd ist ein Edelstein aus der Beryllfamilie. Beryll ist ein Aluminiumsilikat, das das Metall Beryllium enthält. Das Wort Beryll bedeutet „blass", reine Stücke sind durchsichtig. Eine blaugrüne Varietät ist der **Aquamarin**. Smaragd ist die wertvollste Beryllart. Er erhält seine grüne Farbe aus

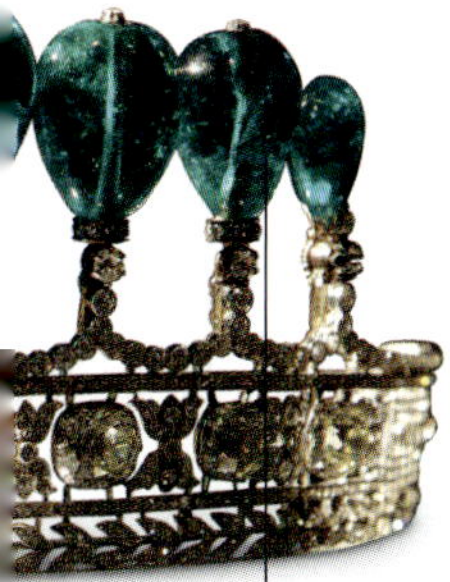

Birnenförmige Smaragde auf einer Tiara

Smaragd auf Kalkstein

Smaragdkristall

Halsschmuck „Spanische Inquisition“

***Smaragd in Fassform geschliffen**, etwa 45 Karat (9 g)*

Trapiche-Smaragd

***Rußartige Beimengungen** bilden diese Sternfigur.*

Im alten Ägypten standen **Smaragde** für **Fruchtbarkeit** und **Leben.**

***Großer Smaragd-kristall** mit flachen Enden*

Polierter Smaragd

Trüber Smaragd

Smaragd

***Großer Smaragd,** in Quarz eingebettet*

Prismatischer Smaragdkristall

***Kristall** mit dünner Verwitterungsrinde*

Türkischer Dolch

***Kolumbiansche Smaragde** auf einem Zeremoniendolch*

Chalk-Smaragd

***Quadratisch geschliffe-ner Smaragd,** umrahmt von Diamantensplittern*

PRACHTSTÜCK

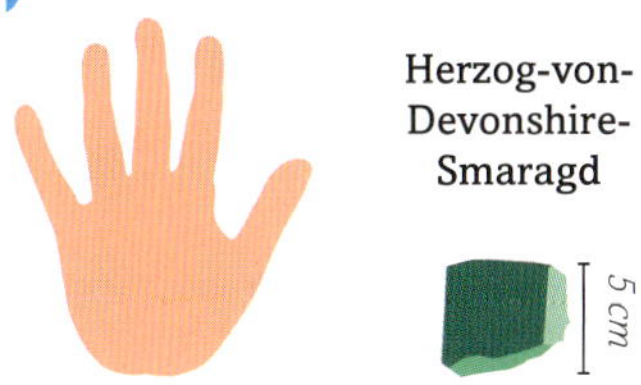

Funkelndes Geschenk
Das Geschenk des brasilianischen Kaisers an den englischen Herzog von Devonshire 1831 ist der weltweit größte Smaragd, der je gefunden wurde. Er ist 5 cm lang und wiegt 277 g (1384 Karat).

Spuren von Chrom oder Vanadium. Schon im alten Ägypten, wo 1300 v. Chr. die ersten Smaragde gewonnen wurden, wurden sie teuer gehandelt. 1000 Jahre lang war Ägypten das wichtigste Abbaugebiet. Später, im 18. und 19. Jh., kamen die besten Smaragde aus Kolumbien, z. B. der **Chalk-Smaragd** und die Smaragde des **Halsschmucks „Spanische Inquisition“**. **Synthetische Smaragde** werden aus einer heißen Lösung ausgefällt, die alle Mineralzutaten enthält, und zum Kristallisieren gebracht – sie werden nicht als echte Minerale betrachtet.

Feldspäte

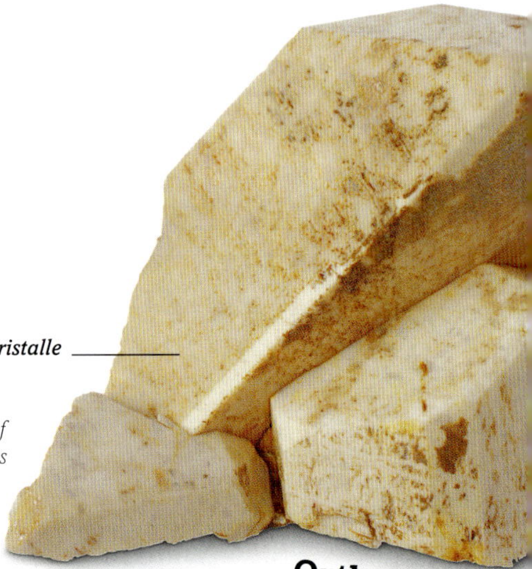

Drei verwachsene Kristalle

Orthoklas

Tiermaske als Dekoration auf einem Krug, Nasca-Kultur, altes Peru (100 v. Chr.–1 n. Chr.)

Tonkrug der Nasca-Kultur

Sonnenstein

Rote Farbe durch Hämatit-beimengungen

Im Jahr 2010 wurden **rund 20 Mio. t** Feldspäte produziert.

Mondstein

Brillantschliff mit opalartigem Glanz

Geschmolzenes Glas

In Form geblasenes Glas

Glasblasen

Tafeliger Zwillingskristall

Albit

Mikroklin auf Gestein

Klobiger prismatischer Kristall

Feldspäte sind die am häufigsten vorkommenden Minerale der Erdkruste. Diese Aluminiumsilikate stellen außerdem die Mehrzahl an magmatischen Gesteinen. Auch auf der Mondoberfläche sind Feldspäte die häufigsten Minerale.

Feldspäte sind unauffällige Minerale. Farbenfrohe Exemplare sind sehr selten, üblich sind mattbraune und -hellbraune Kristalle. Dennoch sind Feldspäte in hohem Maß gesteinsbildend. Sie werden in zwei große Gruppen unterteilt: Alkalifeldspäte und Plagioklase. Alle haben

Persischer Wasserkrug aus Keramik

Wassergefäß aus Keramik

Putzmittel

Scheuermittel enthält Feldspatpulver.

MONSTERMIKROKLIN

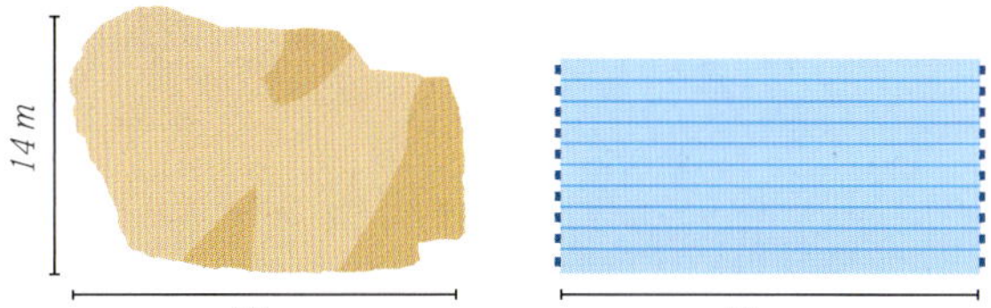

Größter Mikroklinkristall

Olympisches Schwimmbecken

Unglaublicher Kristall

Der größte Einkristall eines Mikroklins war so lang wie ein olympisches Schwimmbecken. Er wurde in der Devils Hole Beryl Mine in Colorado (USA) gefunden und zählt zu den größten Kristallen weltweit.

Amazonit

Blaugrüner Mikroklin oder Amazonit

Labradorit

Farbenspiel auf der schimmernden Oberfläche nennt man „Schiller“.

Sanidin

Schön kristallisierter Sanidin

Andesin

Seltener roter Andesin in Edelsteinqualität

Große, gut ausgeformte Plagioklasfeldspäte im Rosengranit

Rosengranitküste in der Bretagne (Frankreich)

die gleiche Kristallstruktur, doch ihr chemischer Aufbau ist unterschiedlich. Zu den Alkalifeldspäten zählen kaliumreicher **Orthoklas**, **Mikroklin** und **Sanidin**. **Andesin** enthält viel Kalzium und Natrium, **Labradorit** ist sogar als Halbedelstein ausgewiesen. Verzahnte kleine Feldspatkristalle lassen **Mondstein** in Blau und Weiß erscheinen. Feldspat wird für **Keramik-** und **Glasarbeiten** verwendet, wo er die Schmelztemperatur verringert. Zerkleinert werden sie Putzmitteln beigemischt, gemahlen sind sie ein Zuschlagstoff für Beton.

Organische Minerale

Perlmuttkästchen

Quadratische, polierte Plättchen *aus Muschelschalen*

Die **Perle von Lao Tzu,** die größte je geborgene Perle, wog **6,3 kg.**

Perlenauster

***Perlenaustern** werden bis zu 20 cm lang.*

Perlmutt

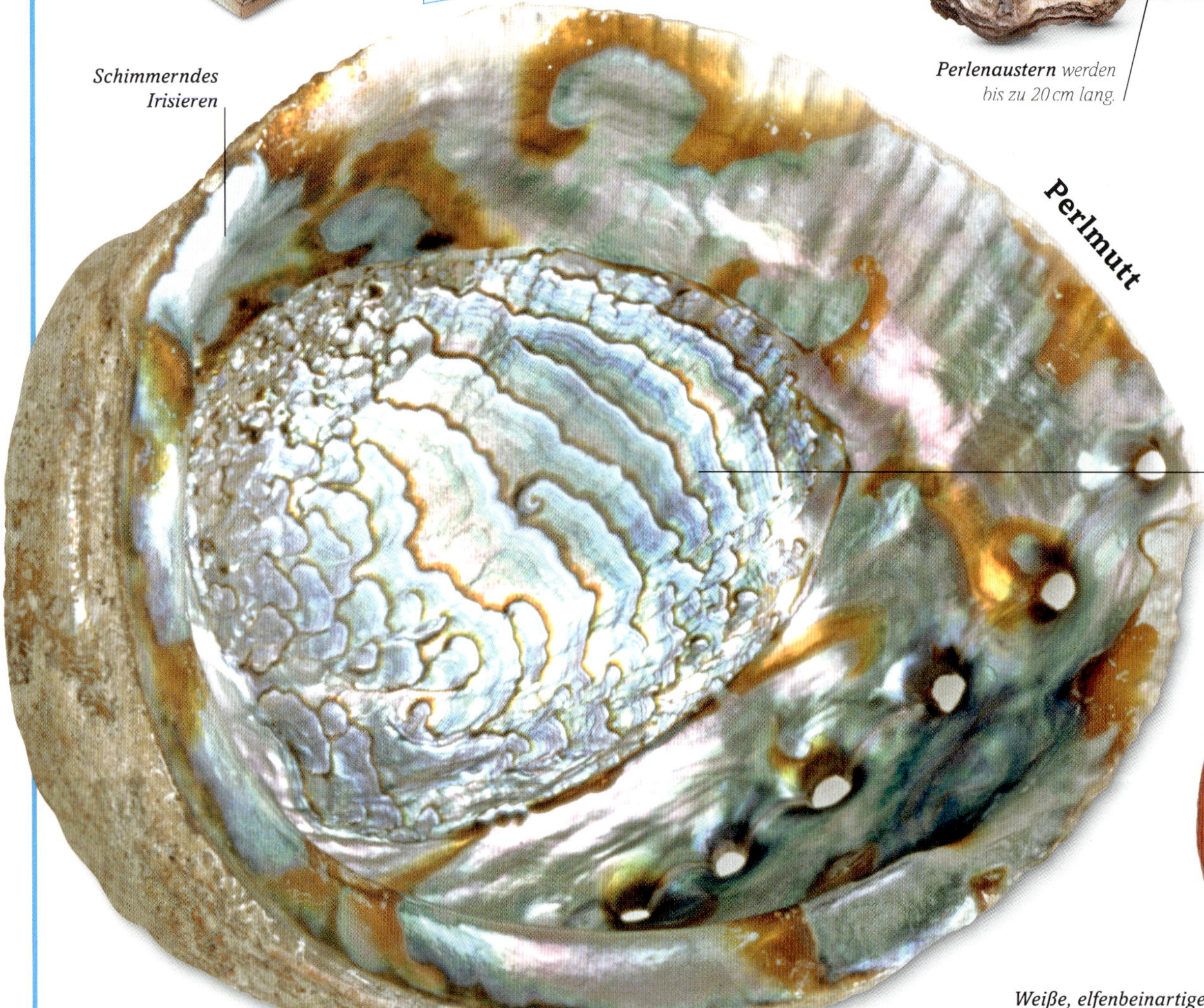

Schimmerndes Irisieren

Innenseite eines Seeohrs

Kopal

***Weiße, elfenbeinartige Substanz** in einer Palmfrucht*

Organische Minerale sind oft von Lebewesen produzierte Feststoffe. Im Gegensatz zu echten, anorganischen Mineralen mit Kristallstruktur haben organische Minerale meistens keinen regelmäßigen Kristallaufbau.

Perlen zählen zu den begehrtesten organischen Mineralen. Sie entstehen, wenn ein Fremdkörper, etwa ein Sandkorn, zwischen Mantel und Schale einer Muschel gerät. Um sich zu schützen, umschließt das Tier den Gegenstand mit Schalenmaterial. Einige der schönsten **Perlmutt**-Ex-

Hirnkoralle

Eine Koralle besteht *aus großen Kolonien vieler kleiner Polypen.*

Rote Koralle

Geweihartig verästelte Form

Lebendige Korallensiedlung

Ausladende Korallenstöcke *sind Unterschlupf für Fische.*

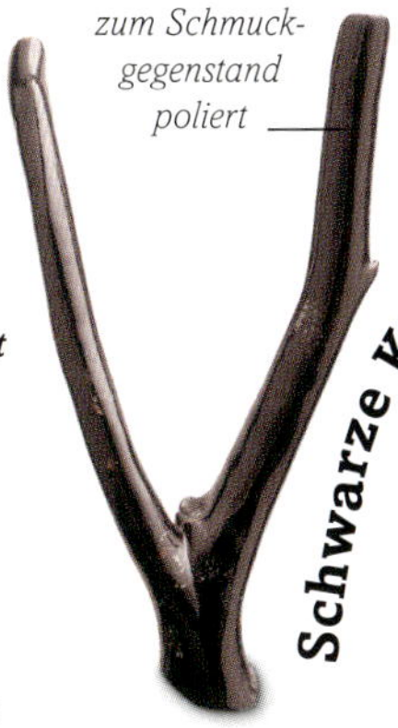

Schwarze Koralle

Schwarze Koralle, *zum Schmuckgegenstand poliert*

Gagat

Samtiger Glanz

Geschnitzter Gagat

Feinkörniger Gagat, *mit detailreichen Ornamenten verziert*

Tropisches Baumharz, *im Lauf der Zeit ausgehärtet*

Bernstein

Bernstein *schwankt farblich zwischen goldgelb und goldorange.*

Anthrazit

Nahezu metallischer Glanz

Elfenbeinartige Steinnuss

KOHLEVERBRAUCH

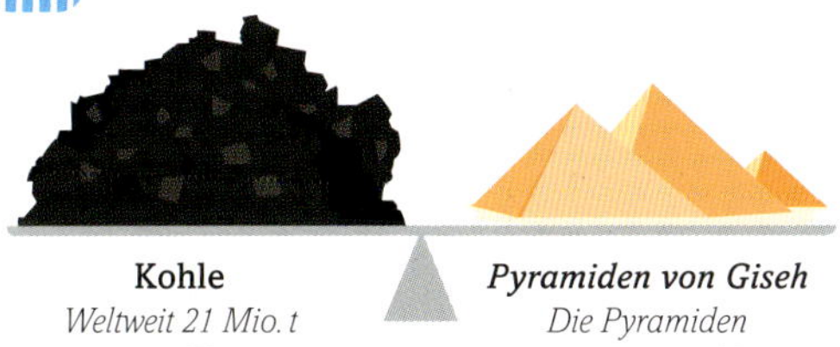

Kohle
Weltweit 21 Mio. t an 1 Tag

Pyramiden von Giseh
Die Pyramiden wiegen etwa 21 Mio. t.

Brennstoff für die Welt
Kohle dient als Brennstoff für Strom erzeugende Kraftwerke und die Industrie. Pro Tag wird eine Masse an Kohle verbraucht, die etwa der aller Pyramiden von Giseh entspricht.

emplare erzeugt das Seeohr mit seiner silbrigen Schale und dem irisierenden Innenbelag. Auch **Korallen** sind Produkte tierischer Ausscheidungen. Winzige Polypen geben Kalziumkarbonat ab, um diese skelettartigen Gebilde zu bauen. **Rote** und **schwarze** Korallen können zu Kunstgegenständen geschnitzt werden. **Gagat** und **Anthrazit** sind Arten von Kohle, die als Brennstoff dienen, aber auch geschnitzt und poliert werden können. Aus **Steinnuss**, einem elfenbeinähnlichen Material aus der Steinnusspalme, werden Kunstgegenstände hergestellt.

Bernstein

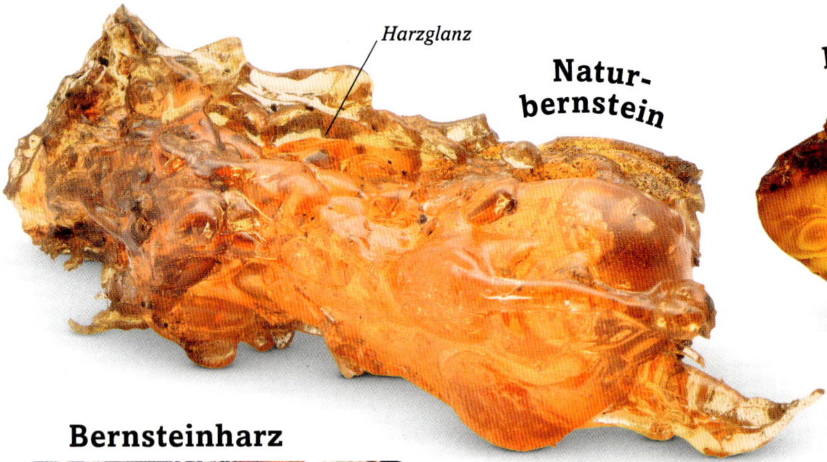

Natur-bernstein

Harzglanz

Bernstein durchmischt

Bernstein mit Beimengungen, *die vielleicht beim Herunterfallen entstanden sind.*

Bernsteinharz

Baumsaft rinnt *den Stamm hinunter.*

Bernsteinknolle

Goldgelbe Knolle, *durchscheinend bis durchsichtig*

Sonnenflecken-perle

Polierte Bernsteinperle *mit Rissen durch Wassertropfeneinschlüsse*

Bern-steinöl wird durch Erhitzen von Bernstein auf über **200 °C** gewonnen.

Mit Bernsteinöl *poliertes Holz*

Violine mit Bernsteinpolitur

Dieser Raum im Katharinenpalast *bei Sankt Petersburg (Russland) ist eine Nachbildung. Das Original ist seit dem Zweiten Weltkrieg verschollen.*

Bernsteinzimmer (Russland)

Bernsteingeröll

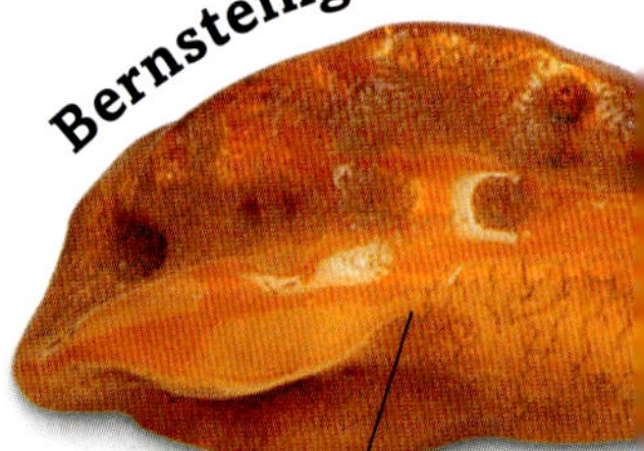

Bernstein *mit geflammter Struktur*

Klebriges goldgelbes Harz von Nadelbäumen, das unter bestimmten Bedingungen altern kann, kristallisiert zu dem harten organischen Mineral Bernstein. Die alten Griechen glaubten, Bernstein enthalte eingefangenes Sonnenlicht.

Wie ein versteinerter Zapfen oder Samen eines Baumes, der vor Millionen Jahren lebte, ist auch **Bernstein** ein Fossil – es ist versteinertes **Baumharz**. **Naturbernstein** kann man als Knollen und Gerölle am Strand finden. Einst im Harz eingeschlossenes Wasser erzeugt **„Sonnenflecken“**-

GEWALTIGER BERNSTEIN

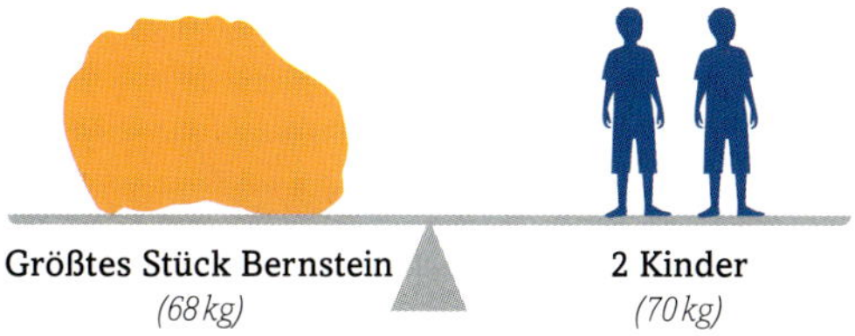

Riese aus Borneo
Der größte je gefundene Bernstein kommt aus Borneo (Indonesien). Mit seinen 68 kg Masse wiegt er etwa so viel wie zwei Kinder.

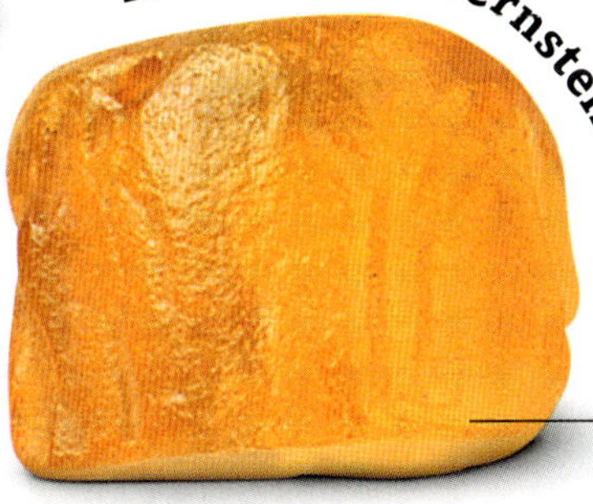

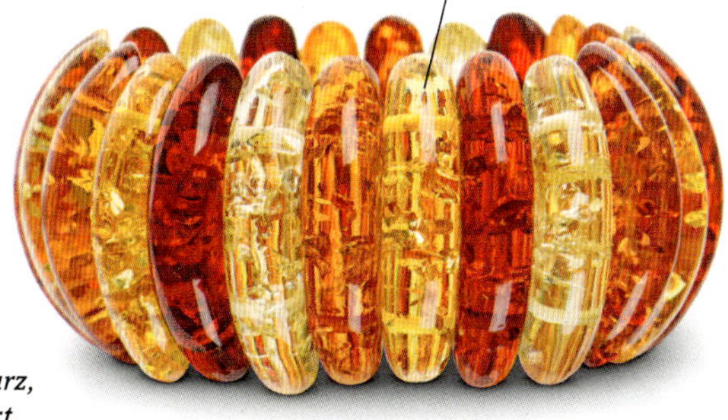

Bernsteine. Manchmal findet man sogar eingeschlossene Tiere. Der meiste Bernstein kommt aus dem Baltikum und aus Russland, aber auch aus Asien, Afrika und der Karibik. Häufig werden zu Schmuck polierte Kugeln, Perlen oder mit Ornamenten verzierte Stücke daraus gefertigt. Neben goldgelben Farben gibt es auch grünen, roten und sogar blauen **dominikanischen Bernstein**. Friedrich I. von Preußen liebte Bernstein besonders – er beschenkte Zar Peter den Großen mit dem **Bernsteinzimmer**, dessen Wände vollständig mit Bernstein verkleidet waren.

Opal

Geschliffener Feueropal

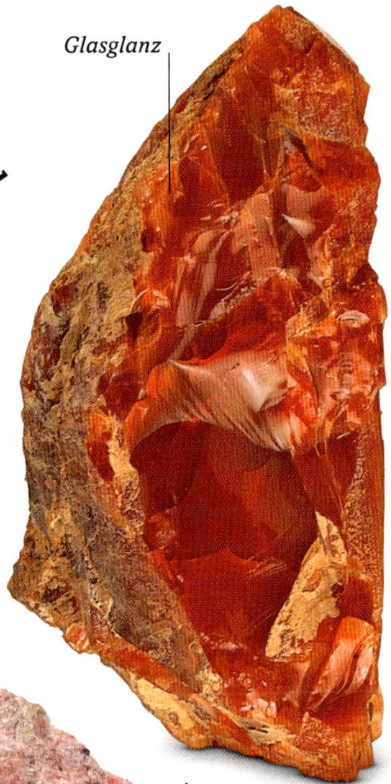

Feueropal natur

Boulder-Opal

Rosafarbener Opal

Rohopal

Viktorianischer Ring

WERTVOLLER OPAL

Opal aus Australien
Der größte und bei weitem teuerste Opal, der je gefunden wurde, trägt den Namen „Olympic Australis“. Er ist 28 cm lang, 12 cm hoch und 11,5 cm breit, hat also ungefähr die Maße eines Kastenbrotes.

Opal besteht aus versteinertem Kieselgel und enthält etwa 5–10 Prozent Wasser. Er hat in der Regel keine Kristallstruktur. Dennoch zählt er wegen seiner fließenden Farben und seinem Glanz seit jeher zu den begehrtesten Edelsteinen.

Gewöhnlichen Opal, auch **Potch** genannt, gibt es in vielen Farben: milchig-weiß, mattrot und mattgelb und sogar **rosa**. Edelopal ist halbtransparent mit glänzendem Schimmer. Dieses schimmernde Farbenspiel entsteht durch winzige Kieselkügelchen und mikroskopisch kleine, netzartige

Schwarzer Opal

Seltene dunkle *Varietät*

Farbenspiel aus Grün und Blau *in schwarzem Opal*

Roebling-Opal

Der Roebling-Opal ist ein **2585 Karat** (517 g) schweres Prachtstück.

Schokoladen-Opal

Dunkle, *schokoladenbraune Spielart*

Potch-Opal

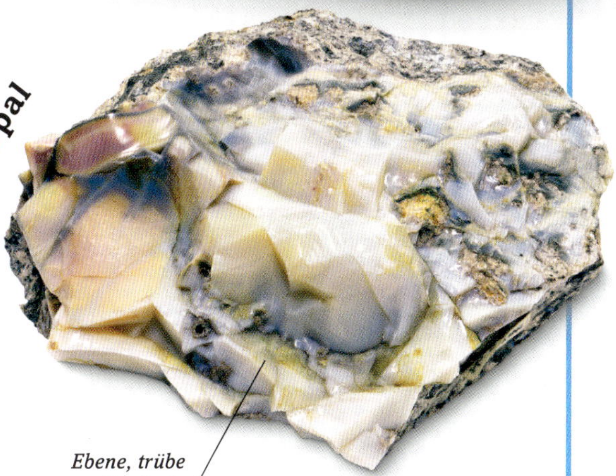

Ebene, trübe *Oberfläche*

Opal-Ananas

Opal *hat Glauberit-Kristalle ersetzt.*

Netzaderrisse *reflektieren das Licht.*

Opal mit Quadratschliff

Gilson-Opal

Künstlich erzeugte Opale *haben dieselbe chemische Zusammensetzung wie natürliche.*

Risse, die das Licht brechen. Neuerdings besonders beliebt sind die Welo-Opale aus Äthiopien. Das Lightning-Ridge-Opalfeld in Australien ist berühmt für **Schwarzen Opal**. Die wertvollste Varietät ist **Feueropal**. **Boulder-Opal** entsteht innerhalb von Gesteinshohlräumen und Klüften, wo er aus zirkulierenden, an Kieselsäure reichen Lösungen ausfällt. Opal kann auch Knochen, Holz und andere Hartteile ersetzen und bildet dann opalisierte Fossilien. Der massive **Roebling-Opal** aus Nevada (USA) entwickelte sich in einer Höhlung eines verrottenden alten Baumes.

Dekorsteine

Dekorsteine nennt man farbige Minerale, die poliert besonders schön aussehen. Obwohl nur wenige wirklich selten sind, erzielen sie zuweilen Höchstpreise. Türkis und Lapislazuli wurden in alten Kulturen als heilige Steine verehrt.

Achat ist mikrokristalliner Quarz, auch Chalzedon genannt. Er bildet sich, wenn zirkulierende mineralreiche Lösungen in Gesteinshohlräumen Kieselsäure ausscheiden. Auf der Innenseite der Höhlung baut sich mit der Zeit eine schalenförmige Auskleidung auf, Schicht um Schicht. Auf-

Früher glaubten Buddhisten, **Lapislazuli** könne **böse Gedanken** vertreiben.

geschnitten zeigt sich eine gebänderte Struktur. Mineralische Beimengungen färben die Lagen ein, z. B. rotbraun beim **Feuerachat** durch Hämatit (Eisenoxid). Manganoxid und Chloride färben den **Moosachat** grün. **Lapislazuli** erscheint durch das Mineral Lasurit in intensivem Blau. So wie Türkis wurde auch Lapislazuli in früheren Zeiten sehr teuer gehandelt. Der wertvolle, wie ein Apfel gefärbte **Serpentin** kann mit Jade verwechselt werden, ist aber weicher. **Mondstein** und **Labradorit** sind beides Feldspäte, die zu Schmuck oder Ornamenten verarbeitet werden.

Fossilien

Fossilien

Ein Fossil kann ein Überrest, ein Abdruck oder eine Spur von einem einstigen Lebewesen sein. Nachdem der Organismus gestorben ist, verwesen seine Weichteile und nur die Hartteile bleiben: Gehäuse, Zähne, Knochen oder Holz. Begraben in Sedimenten werden sie allmählich zu Stein. Die häufigsten Fossilien stammen von Pflanzen und Tieren, die einst in Meeren oder Seen lebten.

In Asche begraben › Dieses vollständige Fossil des Barsches *Priscacara liops* stammt aus einem Seeboden paläogenen Alters aus Wyoming (USA). Feine vulkanische Asche rieselte in den See und bedeckte den toten Fisch. Nach und nach begrub sie ihn und konservierte sein Skelett.

Heutige Verwandte ❯ *Priscacara liops* ist eine ausgestorbene Fischart aus dem mittleren Paläogen (vor 65,5–23 Mio. Jahren). Er war etwa 15 cm lang und ist mit heutigen Wolfsbarschen verwandt. Am Rücken trug der Fisch eine lange Rückenflosse mit wehrhaften Stacheln.

Fossilarten

Erhaltene Weichteile
• Weichteile erhalten sich in Substanzen wie Bernstein (Insekten) oder Eis (Wollhaarmammut).

Von Holz zu Stein
• Porenwasser scheidet Minerale in Gehäuseporen oder Holzzellen aus und versteinert sie.

Abdruck hinterlassen
• Sediment begräbt einen Gegenstand, z. B. ein Blatt. Es zerfällt und das Sediment wird hart, der Blattabdruck bleibt.

Steinkern
• Hartteile, z. B. Schneckenhäuser, die im Inneren eine Sedimentfüllung hinterlassen, heißen Steinkerne.

Spurenfossilien
• Manche Lebewesen hinterlassen Spuren (z. B. Fährten) im Sediment, deren Abdrücke erhalten bleiben.

GEOLOGISCHE ZEITTAFEL

Die Geologische Zeittafel gliedert sich in „Ären“ (Einzahl: Ära), die ihrerseits in „Perioden“ unterteilt sind.

Präkambrium (4600–541 Mio. Jahre)	ERDFRÜHZEIT
Kambrium (541–485 Mio. Jahre)	PALÄOZOISCHE ÄRA
Ordovizium (485–444 Mio. Jahre)	
Silur (444–419 Mio. Jahre)	
Devon (419–359 Mio. Jahre)	
Karbon (359–298 Mio. Jahre)	
Perm (298–252 Mio. Jahre)	
Trias (252–201 Mio. Jahre)	MESOZOISCHE ÄRA
Jura (201–145 Mio. Jahre)	
Kreide (145–66 Mio. Jahre)	
Paläogen (66–23 Mio. Jahre)	KÄNOZOISCHE ÄRA
Neogen (23–2,6 Mio. Jahre)	
Quartär (2,6 Mio. Jahre–heute)	

Leben im frühzeitlichen Ozean

Trilobit

Graptolithen

Jeder Graptolith *war Mitglied einer ganzen Kolonie von Tieren.*

Trilobiten-Fossilien wurden **auf allen Kontinenten** gefunden.

Koralle

Einzelkorallen *wie diese wachsen in sandigen Bereichen am Meeresboden.*

Seelilien

Seelilien sind Stachelhäuter, *die sich mit ihrem Stiel an Riffen oder Felsen festhalten.*

Die ältesten Fossilien der Erde stammen von kleinen, im Wasser treibenden, bakterienartigen Zellen, die vor 3,8 Mrd. Jahren im Meer lebten. In Millionen von Jahren entwickelten sich immer komplexere Meerestiere. Diese Tiere waren Wirbellose.

Die meisten heute gefundenen Fossilien sind die Reste von Meerestieren aus den frühen Ozeanen. Viele lebten am Meeresboden, wo sie starben, von Schlamm bedeckt wurden, verwesten und schließlich zu Fossilien wurden. Bakterien, Würmer, Quallen und weitere Tierformen

FOSSILE KÖRPERINNENTEILE

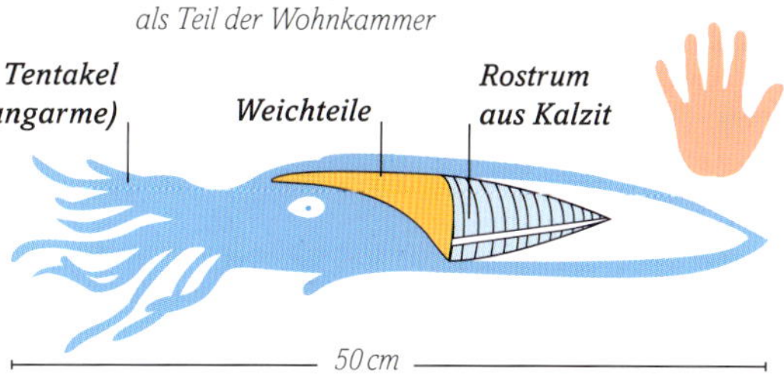

Von innen nach außen
Belemniten waren tintenfischartige Kopffüßer, die zur selben Zeit lebten wie die Dinosaurier. Der hintere Teil ihrer Wohnkammer, das Rostrum, bestand aus hartem Kalzit, das oft als Fossil gefunden wird.

ohne Hartteile wurden fast nie erhalten. Was wie versteinerte **Würmer** aussieht, waren Wohngänge dieser Tiere. Wirbellose mit innerem Skelett oder Gehäuse versteinerten leichter, z. B. die von einem Panzer geschützten **Trilobiten** (Gliedertiere), die vor 520–250 Mio. Jahren am Meeresboden lebten. **Graptolithen** bildeten Kolonien wie heutige **Korallen**, erhalten geblieben sind nur ihre Wohnröhren. Krabben, Seesterne, Seelilien und Seeigel ähnelten ihren heute lebenden Verwandten. **Ammoniten** waren Kopffüßer mit spiraligen Gehäusen, verwandt mit Kraken und Tintenfischen.

Fischfossilien

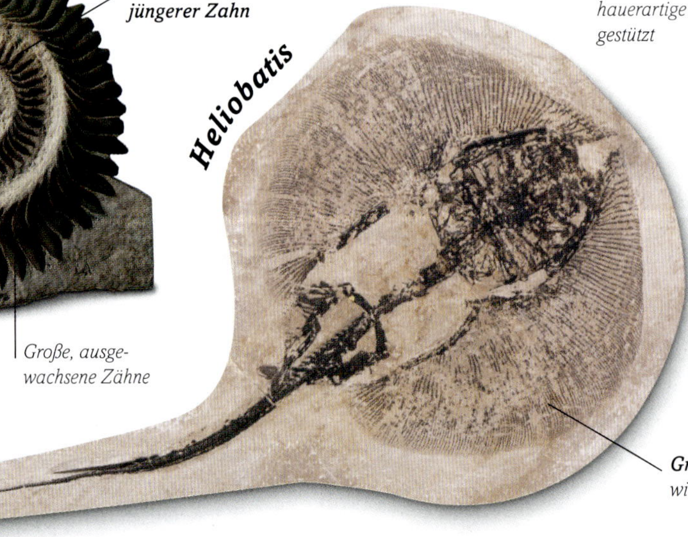

Die ersten Wirbeltiere – Tiere mit einer Wirbelsäule – waren Fische. Die Wirbelsäule ist der zentrale Stützapparat des Skeletts. Auch Amphibien, Reptilien, Säugetiere und Vögel sind Wirbeltiere und stammen von Fischen ab.

Die ersten Fische hatten keinen Kiefer. Sie durchsiebten den schlammigen, sandigen Meeresboden nach Essbarem. Nach und nach entwickelten Fische die ersten Knochen und Knorpel sowie harten Zahnschmelz. Die ersten Fische mit einem Kiefer wie ***Bothriolepis***

Quastenflosser

Quastenflosser galten als **ausgestorben**, bis **1938** lebende Exemplare entdeckt wurden.

hatten Knochenplatten an Kopf, Brust und Flossen zur Panzerung gegen Fressfeinde. Haie und Rochen hatten dagegen Skelette aus Knorpel. Der haiartige ***Helicoprion*** trug im Maul eine merkwürdige Zahnspirale aus 180 Zähnen, ähnlich einer Kreissäge. Rochen wie der ***Heliobatis*** lebten vor 56 Mio. Jahren und waren sehr flach. Ihr peitschenartiger Schwanz hatte drei gefährliche Giftstachel mit Widerhaken. Am schrecklichsten war aber wohl ***Megalodon***, mit 18 m Länge der größte Riesenhai, der jemals gelebt hat.

Pflanzenfossilien

Cooksonia

Schlanker, gegabelter Stiel

***Kapsel** enthält Sporen.*

Flechte

***Fossil aus Schichten** mit einer Dicke von 1–2 mm*

Lebermoos

***Öl produzierende Zellen** verhindern das Austrocknen in der Sonne.*

Lepidodendron

***Borke** mit schuppiger Oberfläche*

Archaeopteris

***Strauchform** mit Stiel und Ästen*

Farnartige Blätter

Ginkgo

Fächerförmige Blätter

Trigonocarpus

Fossile Samen

Der **Ginkgo** gilt als „lebendes Fossil“: Er hat sich seit **270 Mio.** Jahren nicht verändert.

Die Evolution der ersten Landpflanzen war ein weitreichendes Ereignis in der Erdgeschichte, denn ohne sie wäre tierisches Leben an Land nicht möglich gewesen. Sie war der Startschuss für die große Pflanzenvielfalt, die wir heute kennen.

Alle Pflanzen stellen mithilfe der Energie des Sonnenlichts ihre eigenen Nährstoffe her – das nennt man Fotosynthese. Meeresalgen (winziges pflanzliches Plankton und Seetang) waren die ersten Pflanzen, die diese „Taktik“ beherrschten. Vor rund 450 Mio. Jahren erschienen erste **Lebermoose**

Glossopteris

Zungenförmiges Blatt

FOSSILE BELEGE FÜR GONDWANA

Forscher fanden rund 200 Mio. Jahre alte fossile Blätter von Glossopteris auf den fünf südlichen Landmassen Südamerika, Afrika, Indien, Antarktika und Australien. Die Funde zeigen, dass diese Landmassen damals zusammenhingen und den Großkontinent Gondwana bildeten.

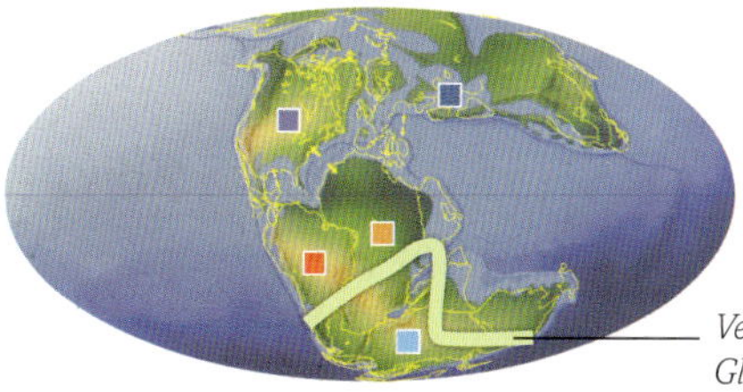

Zamites

Der Fossilabdruck entstand, *als die Blätter in weiches Sediment gedrückt wurden.*

Kiefernzapfen

Samen tragender Kiefernzapfen, *mit Silikatmineralen versteinert*

Eichenstamm

Holzgewebe, *durch harte Minerale ersetzt*

Versteinerter Baumstamm

und **Flechten** an Land. Noch ohne Blätter pumpten frühe Pflanzen wie ***Cooksonia*** Nährlösungen durch ihre Körperröhren. Anhäufungen lichtempfindlicher Zellen entwickelten sich in Blättern vor etwa 360 Mio. Jahren. In Sümpfen gab es moosartige Pflanzen wie ***Lepidodendron*** und Baumfarne wie ***Archaeopteris***. Die Farne waren ähnlich gebaut wie heutige Bäume, Holzgewebe stützte sie und Sporen sorgten für die Vermehrung. Palmfarne wie ***Zamites*** brachten die ersten Samen hervor, die Dürren überdauerten. Blütenpflanzen wie die **Eichen** entwickelten sich vor etwa 130 Mio. Jahren.

BÄUME AUS STEIN Diese Gesteinsrundlinge wirken wie gesägte Holzstämme. Tatsächlich handelt es sich aber um die versteinerten Reste eines vorgeschichtlichen Waldes im Wüstengebiet Painted Desert in Arizona (USA). Versteinerung ist ein chemischer Vorgang, bei dem organische Substanz durch kieselige Lösungen ersetzt wird und extrem verhärtet. Die versteinerten Baumstämme schimmern in Rot- und Brauntönen.

Vor rund 225 Mio. Jahren lag der heutige Bundesstaat Arizona (USA) im Südwesten des Großkontinents Gondwana und somit nahe am Äquator. Im feuchtwarmen Klima gedieh eine Vielfalt an Farnen, Palmfarnen, Ginkgos und Nadelbäumen. Flüsse strömten vom Gebirge durch dicht bewaldete Niederungen und brachten gewaltige Sedimentfrachten mit, die umgefallene Bäume und Pflanzen begruben. Dazu stießen Vulkane Asche aus. Grundwasser löste Kieselsäure aus der Asche und floss im Sediment zwischen den begrabenen Baumstämmen hindurch, sodass die siliziumreiche Lösung die Holzzellen durchtränkte. Kleinste Quarzkristalle ersetzten nach und nach die Holzsubstanz, bis die Bäume versteinert waren.

Erste Landtiere

Eusthenopteron foordi

Hinterbein eines *Ichthyostega*

So wie alle Tetrapoden *hat dieser Amphibienvorfahre Gliedmaßen mit einer Knochenzahl „1-2-viele" (1: Oberschenkel, 2: Unterschenkel, viele: Fuß mit Zehen).*

Typische Länge: 3,3 m

Eryops

Microsauria

Kurzer Schwanz

Schädel eines *Cynognathus*

Grübchen in der Schnauze *weisen darauf hin, dass dieses frühe Säugetier Schnurrhaare hatte.*

Kräftiger Kiefer *zum Zermalmen von Palmfarnen*

Typische Länge: 1 m

Hyperodapedon

Hintere Klauen *zum Ausgraben von Knollen und Wurzeln*

Vor etwa 395 Mio. Jahren gingen aus den Fischen die Tetrapoden (Tiere mit vier Beinen) hervor. Sie waren die ersten Wirbeltiere, die an Land lebten. Studien an Fossilien zeigen, wie sich diese Tiere an die neue Umgebung anpassten.

Um an Land überleben zu können, brauchten die Landtiere Lungen zum Atmen, starke Beine zum Laufen sowie ein Skelett, das den Körper stützt. Vor etwa 385 Mio. Jahren tauchte der Fisch ***Eusthenopteron*** auf, der bereits Beinknochen in den Flossen hatte. Halb Fisch, halb

Starke Flossen *ermöglichten dem Fisch, an Land zu robben.*

Typische Länge: 1 m

Schädel eines *Proganochelys*

Älteste bekannte *ausgestorbene Schildkrötenart*

RIESENSCHILDKRÖTE

Lederschildkröte	***Stupendemys***
Größte lebende Schildkröte	*Größte bekannte Schildkröte*
Panzerlänge: 2 m	*Panzerlänge: 3,3 m*

Großer Paddler
Fossilien von *Stupendemys*, einer ausgestorbenen Süßwasserschildkröte, wurden in Südamerika gefunden. Diese Art war mehr als anderthalbmal so groß wie die größte heute lebende Schildkröte.

Scharfe Zähne *eines Fleischfressers*

Schädel eines *Deinosuchus*

Dieses ausgestorbene Krokodil *wurde bis zu 12 m lang, also länger als ein Lkw.*

Typische Länge: 12 m

Deinosuchus konnte mit seinem Kiefer so **kraftvoll zubeißen** wie *Tyrannosaurus rex*.

Trionyx

Weicher lederartiger Panzer

Frosch

Seltenes, vollständiges Fossil, *rund 6–8 Mio. Jahre alt*

Amphibium, konnten die vierbeinigen ***Ichthyostega*** kurze Zeit außerhalb der Sümpfe verbringen. ***Microsauria*** waren frühe Amphibien mit kleinen Beinen, die an Land lebten. ***Eryops*** hielt sich hauptsächlich an Land auf, legte aber seine Eier ins Wasser und zog dort auch seine Jungen auf. Heutige Amphibien wie Molche und **Frösche** leben sowohl im Wasser als auch an Land. Die ersten Tetrapoden sind die Urahnen von Dinosauriern ***(Hyperodapedon)***, Krokodilen ***(Deinosuchus)*** und sogar Säugetieren ***(Cynognathus)***.

Meeresreptilien

Tiefseeräuber hatten die **größten Augen** aller Wirbeltiere, die je gelebt haben.

In den flachen Küstenmeeren des Jura wimmelte es vor furchterregenden Kreaturen. Gigantische Reptilien lauerten im Wasser auf Fische, Tintenfische und sogar Artgenossen. Ihre versteinerten Reste liefern faszinierende Fossilien.

Meerechsen wie ***Askeptosaurus*** zählten zu den ersten Reptilien, die während der Trias die Ozeane bejagten. Mit 2 m Körperlänge und einem kräftigen Ruderschwanz waren sie flinke Räuber. Nothosaurier, eine weitere Gruppe Meeresreptilien, lebten ähnlich wie heutige Robben: Sie

Typische Länge: 8 m

Typische Länge: 5,5 m

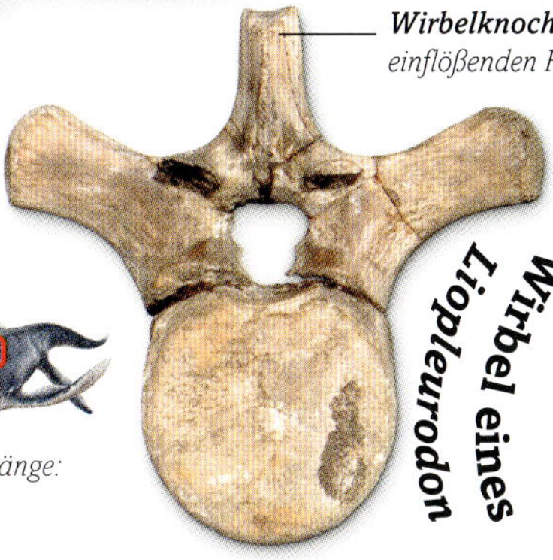

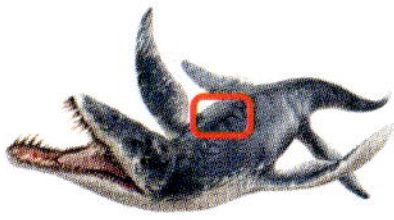

Typische Länge: 20 m

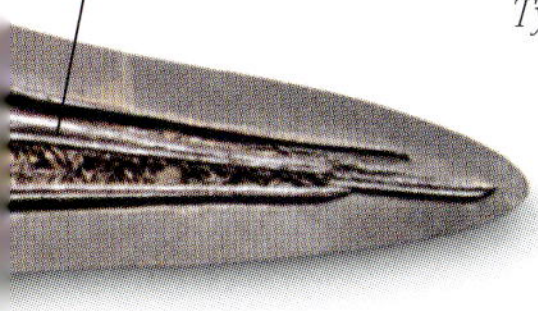

Typische Länge: 15 m

GIGANTEN DER TIEFE

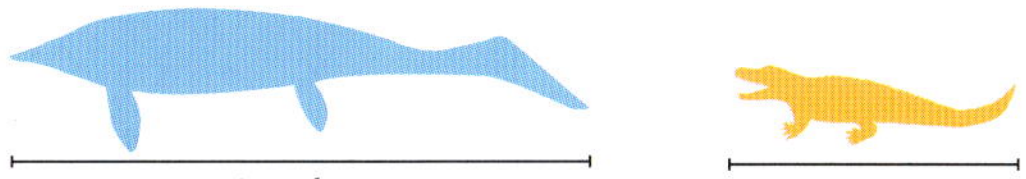

21 m lang	3,9–5,5 m lang
Shastasaurus (größtes je gefundenes vollständiges Meeresreptil)	**Salzwasserkrokodil** (größtes lebendes Meeresreptil)

Schrecken der Meere

Der Ichthyosaurier *Shastasaurus* war 4-mal so lang wie ein Salzwasserkrokodil, das größte heute lebende Meeresreptil.

jagten im Wasser und sonnten sich auf warmen Felsen. Zu ihnen gehörte der Fische fressende ***Keichousaurus***. Pfeilschnelle **Ichthyosaurier**, mit einem Körperbau zwischen Hai und Delfin, schossen durch das Wasser. Langhalsige Plesiosaurier wie der ***Cryptoclidus*** sahen ähnlich aus, wie wir uns das Ungeheuer von Loch Ness vorstellen. Es gab auch kurzhalsige Arten, z. B. ***Liopleurodon***, der größer war als ein Pottwal. All diese faszinierenden Tiere sind zusammen mit den Dinosauriern vor 66 Mio. Jahren ausgestorben.

Flugsaurier

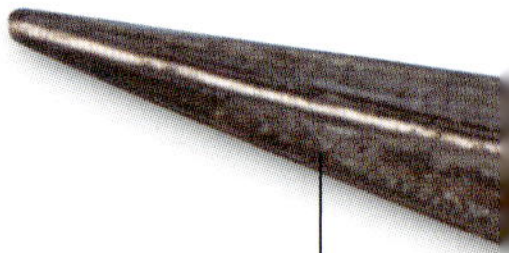

Zahnloser Schnabel

Rhamphorhynchus

Die langen Flügel *ließen* Rhamphorhynchus *wie einen Albatros durch die Luft gleiten.*

Zähne *mit drei Spitzen schlitzten die Beute auf.*

Eudimorphodon

Scharfe Krallen *zum sicheren Zugreifen*

Dimorphodon

Der Körper von **Dimorphodon** *war fast 3-mal so lang wie sein Kopf.*

Flügelspannweite: 1,4 m

Flugsaurier (Pterosaurier) mit lederartigen Flügeln beherrschten im Mesozoikum den Luftraum. Bis die Vögel aufkamen, waren sie die einzigen fliegenden Wirbeltiere. Die engen Verwandten der Dinosaurier lebten vor 225–66 Mio. Jahren.

Einer der ältesten Flugsaurier war ***Eudimorphodon***, der vor 210 Mio. Jahren lebte. Der kleine, agile Pterosaurier hatte nur 1 m Flügelspannweite und jagte vermutlich Insekten. ***Rhamphorhynchus*** besaß einen langen Schwanz und lange Flügel, aber einen kurzen Kopf. Der große

Pteranodon

Der lange Hinterhauptkamm *war bei männlichen länger als bei weiblichen Tieren.*

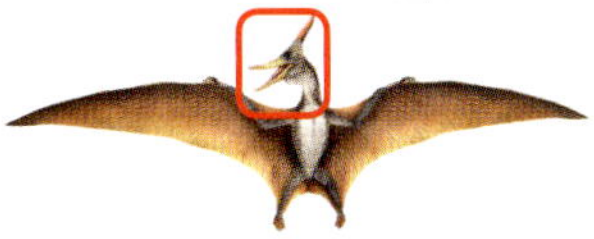

Flügelspannweite: bis zu 7 m

Thalassodromeus

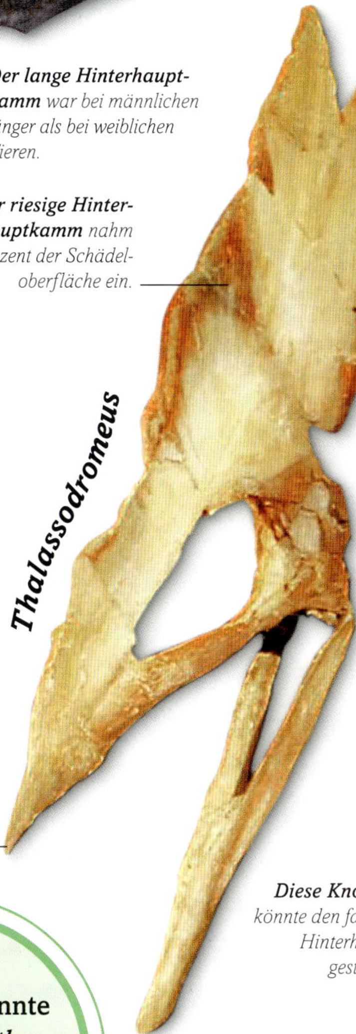

Der riesige Hinterhauptkamm *nahm 75 Prozent der Schädeloberfläche ein.*

Flügelspannweite: 4,5 m

Scharfe, aufgebogene Schnabelspitze *zum Abfischen der Meeresoberfläche*

Pterodactylus

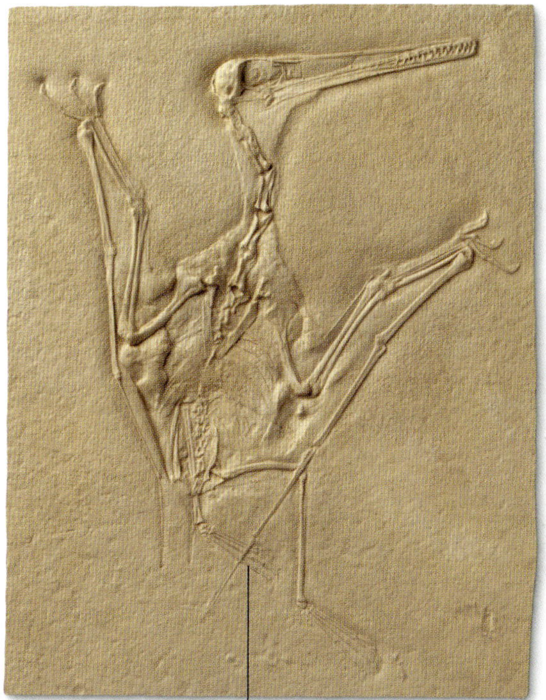

Schwimmhäute an den Füßen *gegen das Einsinken im Schlamm*

Tupuxuara

Diese Knochenform *könnte den farbenfrohen Hinterhauptkamm gestützt haben.*

Dünne Röhrenknochen *für geringes Gewicht*

Laut Experten konnte *Quetzalcoatlus* bis zu **170 km/h** erreichen.

Flügelspannweite: bis zu 10 m

Quetzalcoatlus

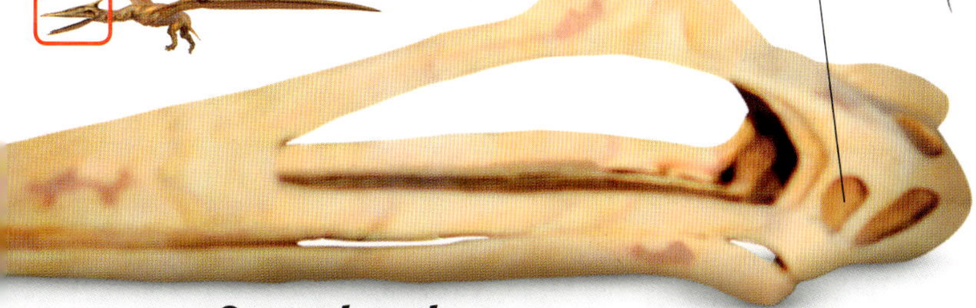

Kleine Öffnung *für die Augen*

GRÖSSTE SPANNWEITE

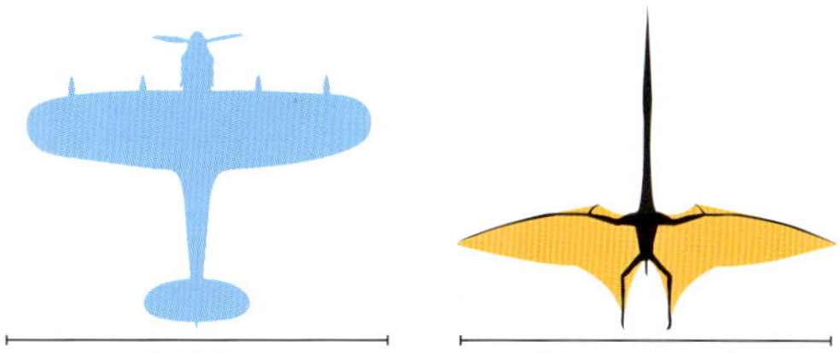

Spitfire
Spannweite 11,23 m

Quaetzalcoatlus
Spannweite 10 m

Riesenflügel
Die Flügelspannweite von *Quetzalcoatlus* erreichte fast die des britischen Flugzeugs Spitfire im Zweiten Weltkrieg.

Pteranodon hatte Flügel mit einer Spannweite von über 7 m. Flugsaurier wie ***Thalassodromeus*** und ***Pterodactylus*** hatten kurze Schwänze, lange Schenkel, große Schädel und lange Hälse und konnten meisterhaft segeln. Ihre Flughaut wurde zwischen dem überlangen vierten Finger und dem Hinterbein aufgespannt. Auf diesen ledrigen Flügeln segelten sie knapp über dem Meeresspiegel, tauchten kurz ins Wasser und schnappten sich Fische. Der größte Flugsaurier war ***Quetzalcoatlus*** mit einer Flügelspannweite von rund 10 m.

Fleischfressende Ungeheuer

Koprolithen

Unverdaute Knochenreste *in diesem fossilen Kothaufen (Koprolith) verraten uns, was der Dinosaurier fraß.*

Fußabdruck eines *Megalosaurus*

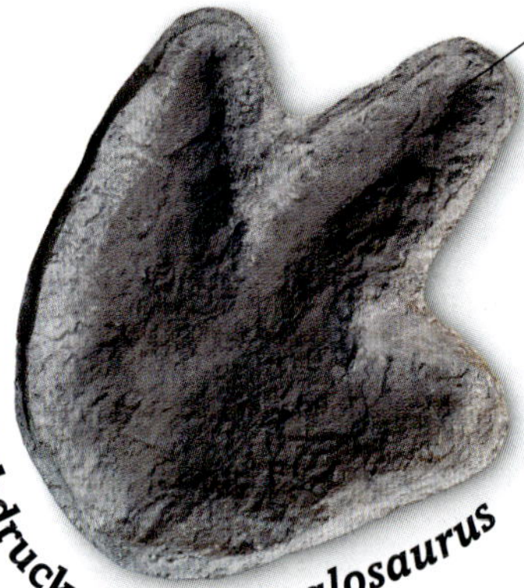

***Die Fußspur** eines Dinosauriers im versteinerten Schlamm lässt auf die Art der Fortbewegung schließen.*

Typische Länge: 9 m

***Oviraptor*-Eier**

Versteinertes Nest mit** Oviraptor-**Eiern

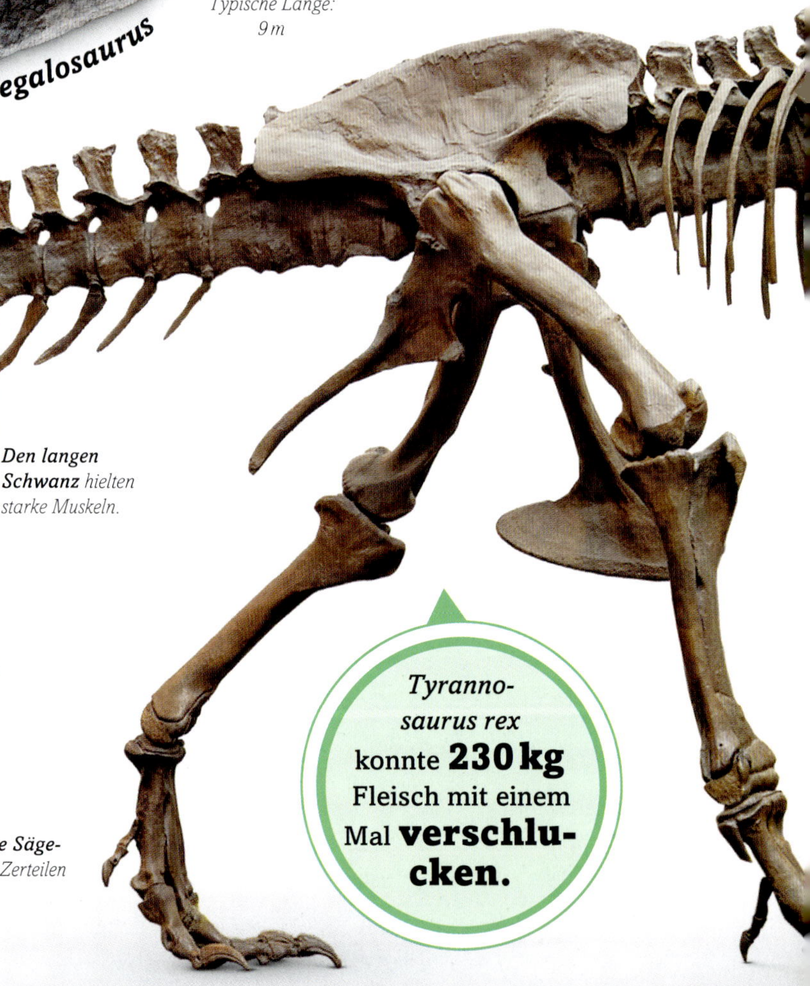

***Den langen Schwanz** hielten starke Muskeln.*

Schädel eines *Deinonychus*

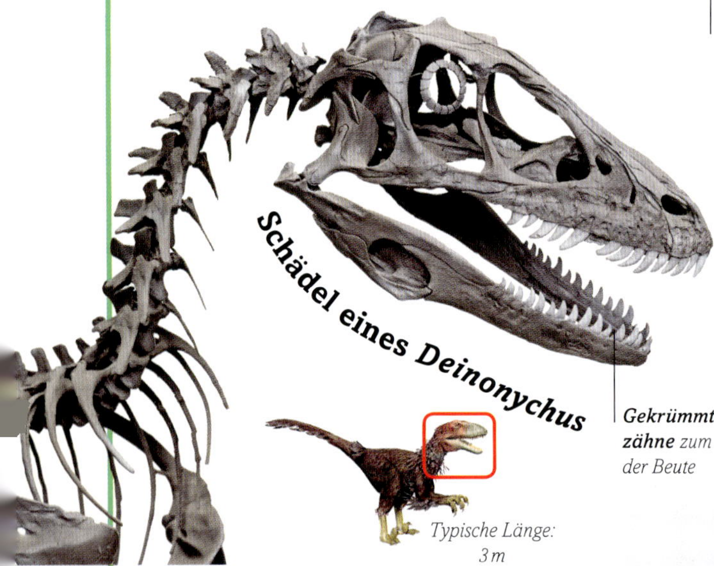

***Gekrümmte Sägezähne** zum Zerteilen der Beute*

Typische Länge: 3 m

Tyrannosaurus rex konnte **230 kg** Fleisch mit einem Mal **verschlucken.**

Als die ersten Dinosaurierknochen gefunden wurden, meinte man, sie würden von lebenden Arten stammen. Erst als die Forscher ganze Skelette zusammengesetzt hatten, erkannten sie, dass die Knochen zu längst ausgestorbenen Tieren gehörten.

Die Fossilienforscher nannten diese Tiere Dinosaurier, also „Schreckliche Echsen“. ***Megalosaurus*** war der Erste, der mit einem Namen versehen wurde. Er hatte ein Fleischfressergebiss mit langen, krummen Zähnen. Der stärkste Raubsaurier, der je gelebt hat, war ***Tyrannosaurus rex***.

Dieser Zweibeiner konnte mit seinem starken Kiefer Knochen zerknacken. ***Allosaurus*** hatte dolchartige Zähne, ***Baryonyx*** hingegen spitz zulaufende, mit denen er wohl Fische schnappte. Nicht alle dieser gefährlichen Fleischfresser waren groß. ***Coelophysis*** etwa war ein 3 m langer, schlanker und leichtgewichtiger Jäger. ***Velociraptor*** war noch kleiner und besaß sehr scharfe Krallen, mit denen er kleine Artgenossen, Säugetiere und Echsen angriff. Außerdem hatte er als früher Vogelverwandter ein Federkleid, fliegen konnte er aber nicht.

Pflanzenfresser

Daumendorn

Typische Länge: 9 m

Hand eines Iguanodon

Heterodontosaurus

Scharfe Zähne *schnitten Pflanzengewebe.*

Zupackende Hand *mit fünf Fingern*

Ein dickes Borstenkleid *bedeckte das Tier.*

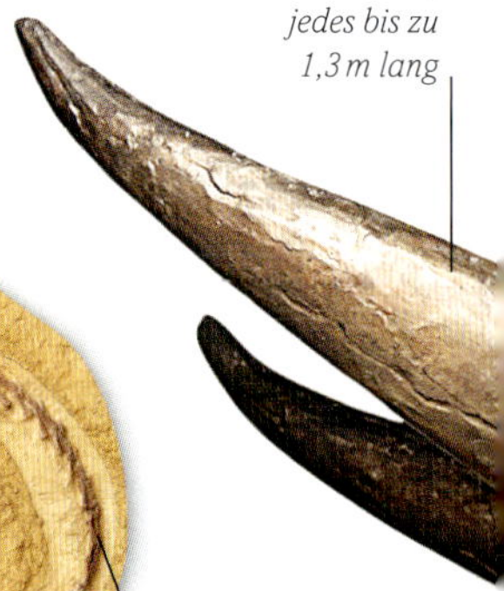

Zwei Hörner, *jedes bis zu 1,3 m lang*

Das **kleine Gehirn** von *Diplodocus* saß in einer nur apfelgroßen Hirnschale.

Schädel eines Diplodocus

Der Hals *wurde von mindestens 15 Wirbeln gestützt.*

Zapfenförmige Zähne *zum Abstreifen von Blättern*

Typische Länge: über 30 m

Schädel eines *Parasaurolophus*

Großer, hohler Knochenzapfen, *der vermutlich Laute erzeugte.*

Typische Länge: 9,5 m

Nasenhorn

Schnabel

Typische Länge: 9 m

Auf der Erde lebten damals nicht nur Raubsaurier. Die größten und längsten Dinosaurier waren friedlich lebende Pflanzenfresser. Diese Tiere mussten fast den ganzen Tag fressen, um die nötige Energie für ihre schweren Körper zu bekommen.

Fossilien zeigen, dass es pflanzenfressende Dinosaurier in allen Größen und Formen gegeben hat, die unterschiedlichste Lebensräume bevölkerten. Viele wie ***Triceratops*** hatten schnabelartige Mäuler, mit denen sie Blätter und Stängel von Pflanzen rissen. Der Einzelgänger ***Euoplocephalus*** wehrte

Maiasaura-Jungtier

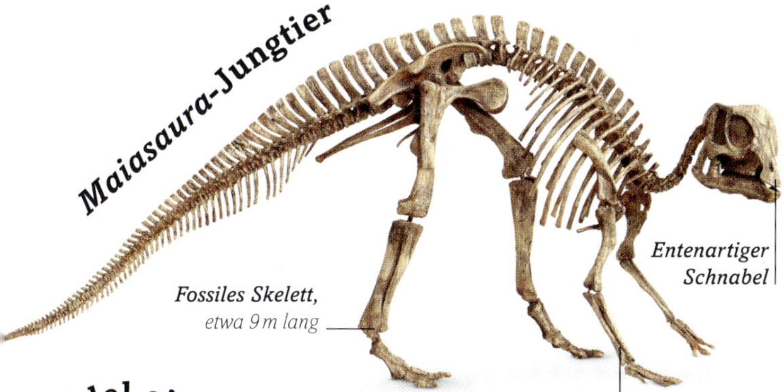

Fossiles Skelett, *etwa 9 m lang*

Entenartiger Schnabel

Die Vorderbeine *waren halb so lang wie die Hinterbeine.*

UNGLAUBLICH LANG

Rekordhalter
Mit seinem extrem langen Hals, mit dem *Diplodocus* Blätter aus den Baumkronen rupfte, sowie dem etwa ebenso langen Schwanz waren die Fossilien dieses Dinos insgesamt unglaubliche 33 m lang.

Schädel eines Pachycephalosaurus

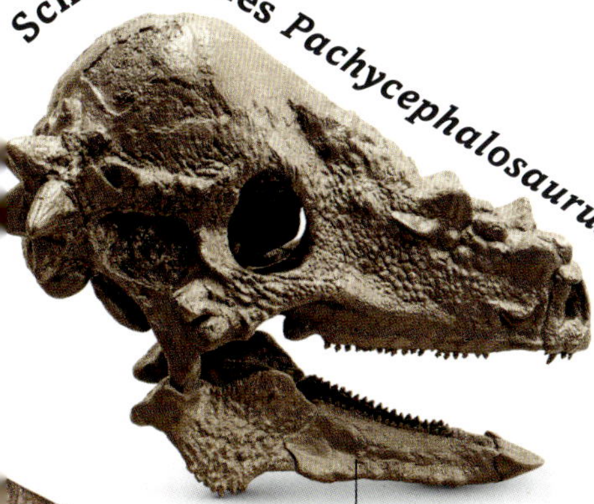

Typische Länge: 4,5 m

Dickwandiger Helmschädel *mit Dornen und knolligen Knochen*

Schädel eines Triceratops

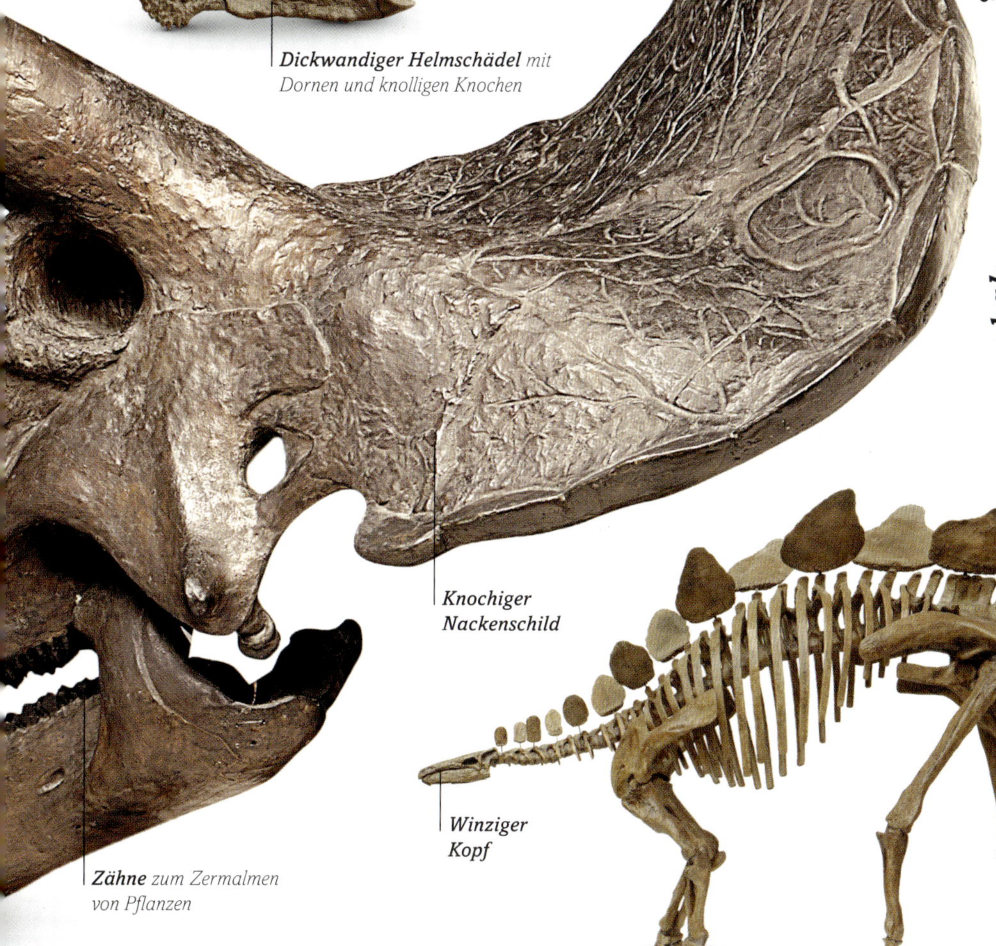

Der Schädel von *Triceratops* gehörte mit 2,4 m Länge zu den **größten** unter den Dinos.

Knochiger Nackenschild

Zähne *zum Zermalmen von Pflanzen*

Euoplocephalus-Schwanzkeule

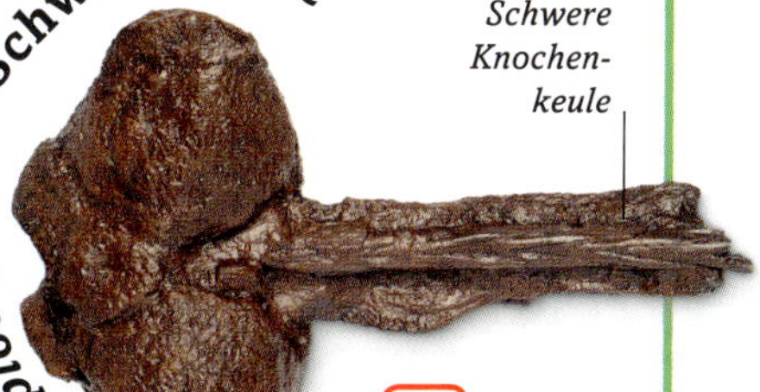

Schwere Knochenkeule

Typische Länge: 7 m

Stegosaurus

Paarweise *angeordnete Knochenplatten entlang des Rückens*

Schwanzstacheln *zur Verteidigung*

Winziger Kopf

Raubsaurier mit einer Panzerung sowie einer Keule am Schwanzende ab, während ***Maiasaura*** und ***Iguanodon*** Schutz in ihren Herden fanden. Forscher können oft nur vermuten, wie sich diese Tiere verhielten. Ließen die großen Rückenplatten von ***Stegosaurus*** das Tier größer wirken?

Pachycephalosaurus trug einen helmartigen Schädelknochen von 20 cm Dicke – vermutlich rammten sich die Männchen die Köpfe. Der Knochenzapfen von ***Parasaurolophus*** verstärkte seine trompetenartigen Laute, die wohl ähnlich klangen wie die heutiger Elefanten.

Erste Vögel

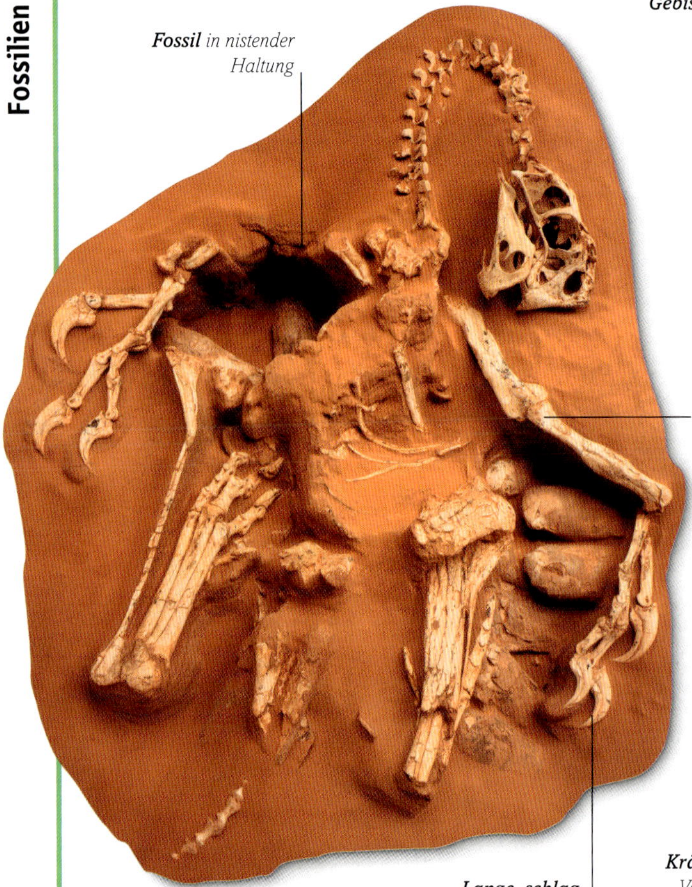

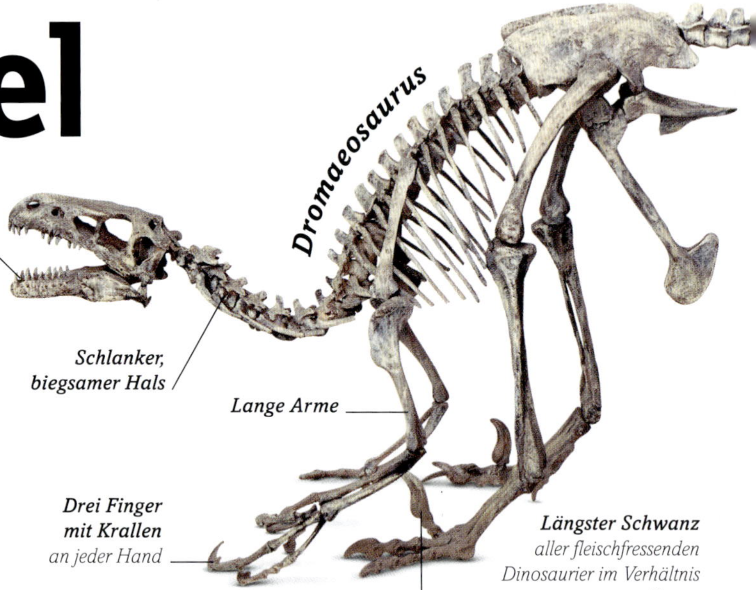

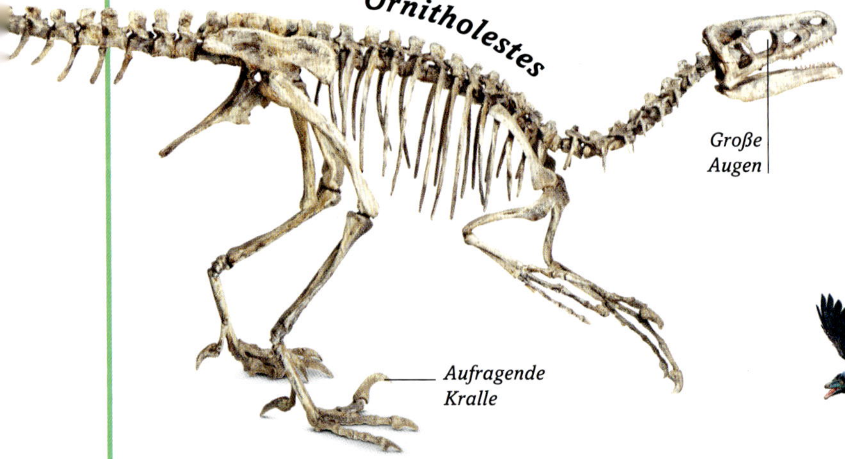

Nicht alle Dinosaurier sind vor 66 Mio. Jahren ausgestorben! Forscher fanden so viele Gemeinsamkeiten zwischen Theropoden und Vögeln, dass wir heute wissen, dass Vögel die Nachkommen kleiner Raubsaurier sind.

Vögel entwickelten sich aus kleinen gefiederten Raubsauriern wie ***Dromaeosaurus***. ***Citipati***-Fossilien wurden oft in wärmender Brutposition gefunden – so wie auch heutige Vögel es tun. Der truthahngroße ***Sinosauropteryx*** war der erste gefiederte Dinosaurier. Farbpigmente in den Federn

Ein Museum in China zeigt **über 500 Fossilien** von *Confuciusornis*.

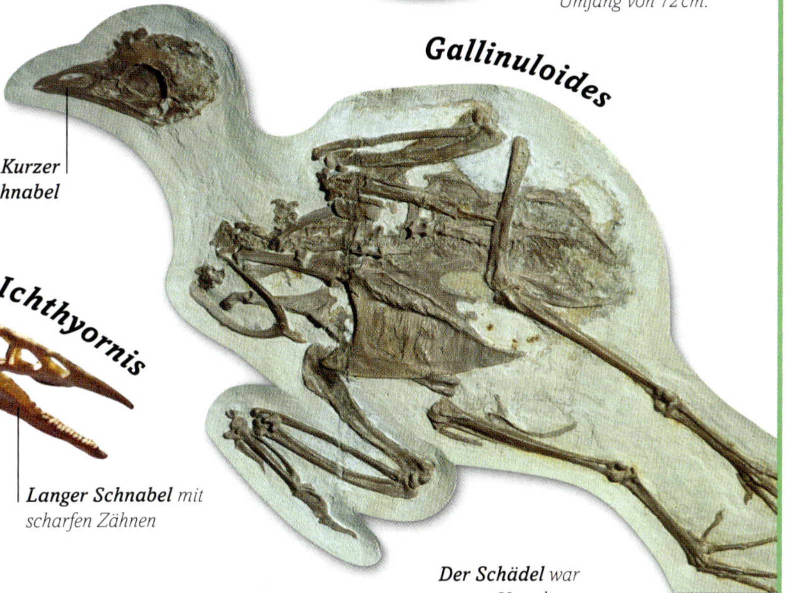

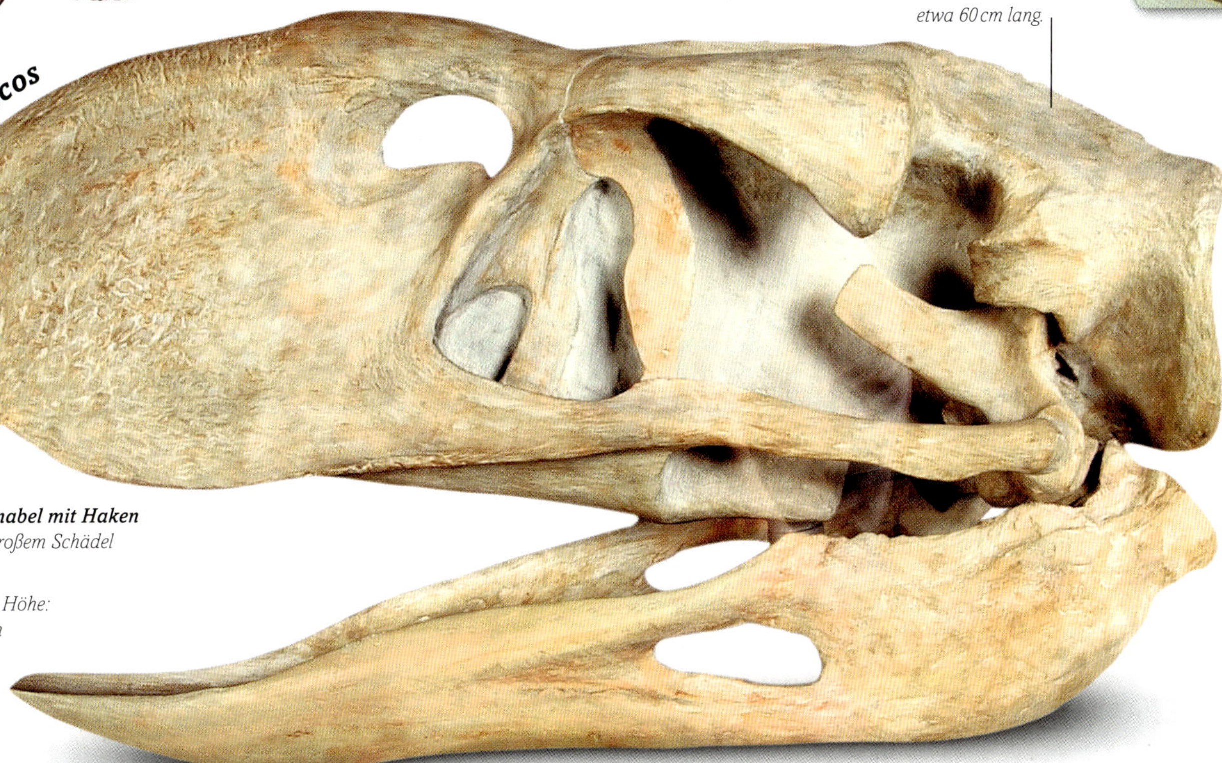

zeigen, dass die Schwanzfedern dunkelrot und hell gestreift waren. ***Archaeopteryx*** (vor 150 Mio. Jahren) war einzigartig, da er sowohl Eigenschaften von Reptilien als auch solche von Vögeln aufwies. Er hatte flugfähige befiederte Flügel, einen bezahnten Schnabel, Krallenfinger am Flügel und wie Dinos einen langen Wirbelschwanz. ***Ichthyornis*** war das kreidezeitliche Gegenstück einer Möwe und flog über dem Wasser, um Fische zu jagen. Von massigen Vögeln wie dem ***Phorusrhacos*** war es ein weiter Weg zu den heutigen Arten, von denen viele zierliche Singvögel sind.

MICRORAPTOR Dieses gut erhaltene Fossil eines *Microraptor* aus der Liaoning-Provinz (China) zeigt Reste seines einstigen Federkleids. Es handelt sich um besondere Federn: Sie wärmten das Tier nicht wie die anderer gefiederter Dinosaurier. Es waren lange, schlanke, aerodynamische Federn, entwickelt für einen einzigen Zweck – zum Gleiten.

Dieser kleine Raubsaurier lebte vor 130 Mio. Jahren in dichten Wäldern. Er hatte mit befiederten Vorder- und Hinterbeinen insgesamt vier Flügel. Allerdings konnte er nur gleiten, nicht aktiv fliegen, dazu fehlten ihm bestimmte Muskeln. Die dünnen, asymmetrisch aufgebauten Federn hatten winzige Häkchen, die sich mit den benachbarten Federn zu einer weichen Gleitfläche verhakten. Neben diesen Gleitfedern hatte *Microraptor* am ganzen Körper bis zum Schwanz dichte Daunenfedern. Ein rautenförmiges Schwanzende wirkte zusätzlich flugstabilisierend. Im Jahr 2012 entdeckten Forscher in den Federn Farbpigmente, die zeigten, dass *Microraptor* schwarz schillerndes dunkles Gefieder hatte, etwa wie ein Star.

Erste Säugetiere

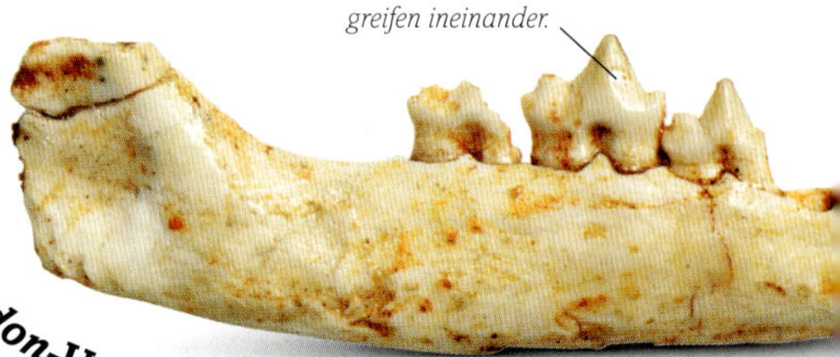

Typische Länge: 9 cm

Typische Länge: 1,5 m

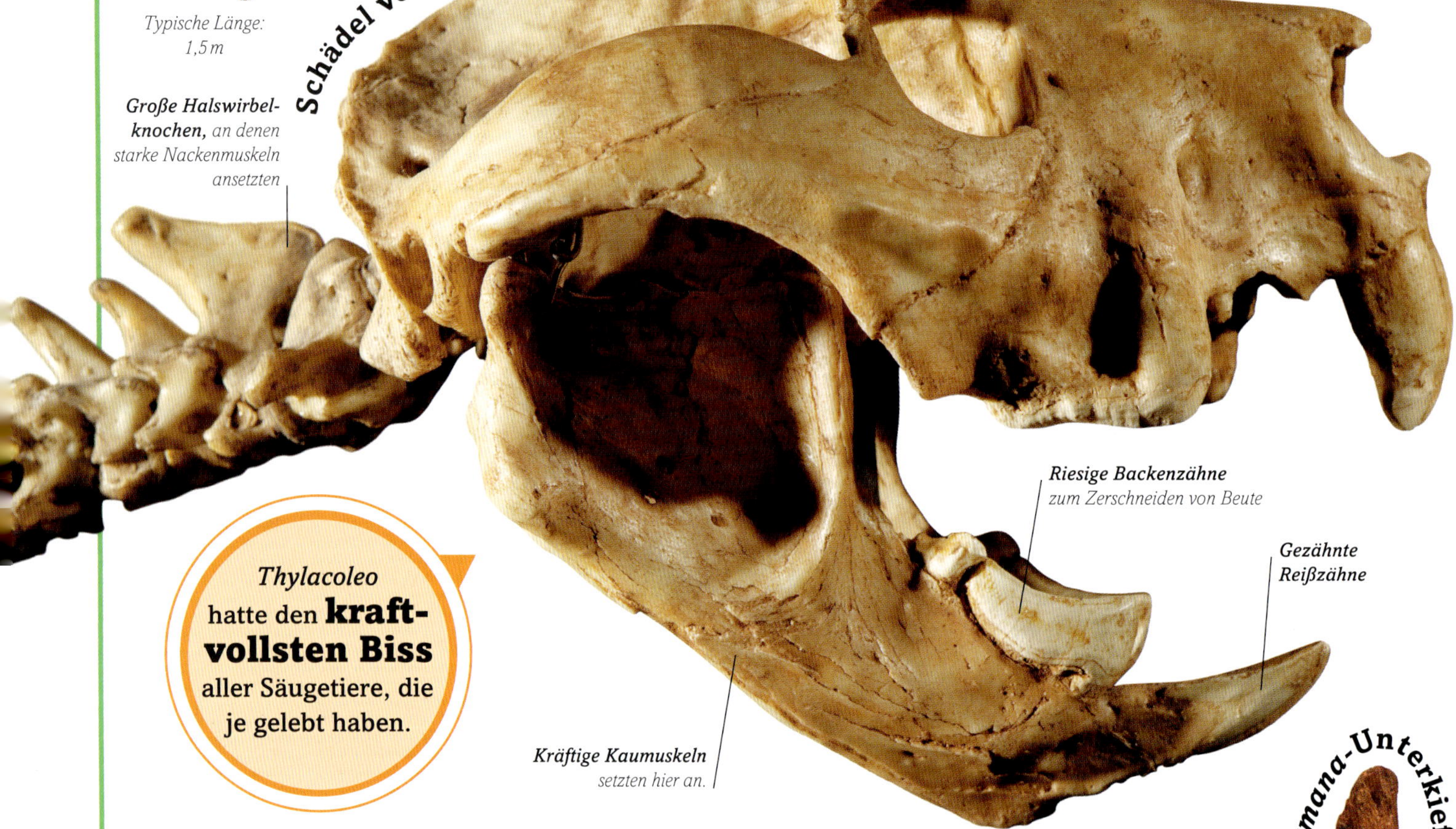

Thylacoleo hatte den **kraftvollsten Biss** aller Säugetiere, die je gelebt haben.

MASSENAUSSTERBEN

Großes Artensterben
Vor 66 Mio. Jahren starben 70 Prozent aller damals lebenden Tierarten aus – u. a. alle Dinosaurier, Pterosaurier, Mosasaurier und Plesiosaurier.

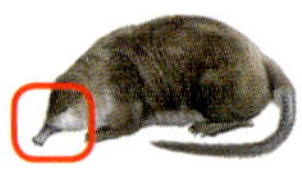

Typische Länge: 20 cm

Die ersten Säugetiere – gleichwarme, behaarte Tiere, die ihre Jungen mit Milch säugen – erschienen frühestens vor 245 Mio. Jahren auf der Erde. Nach dem Aussterben der Dinosaurier vor 66 Mio. Jahren nahmen sie deren Platz ein.

Die meisten Säugetiere gebären lebensfähige Junge – aber nicht alle. ***Morganucodon***, ein früher Säugetiervorfahre, der vor 200 Mio. Jahren lebte, könnte kleine lederartige Eier gelegt haben. Es gibt auch heute noch einige Säugetiere, etwa das Schnabeltier, die Eier

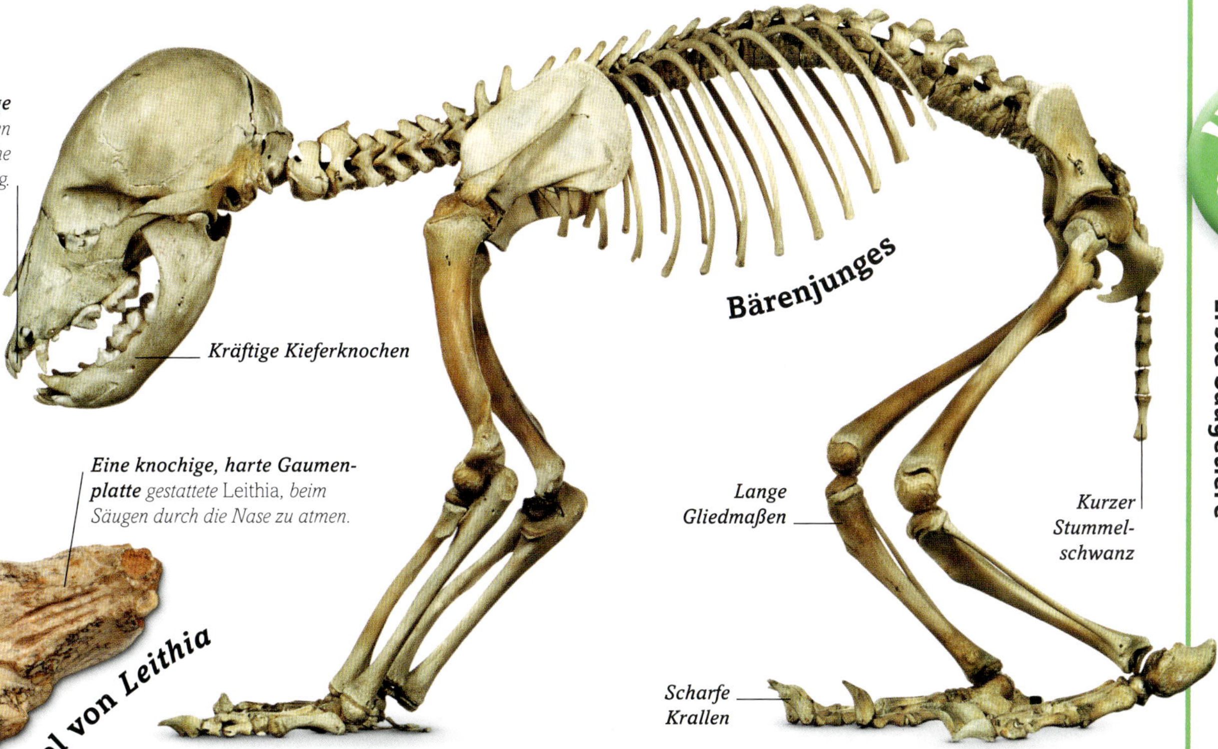

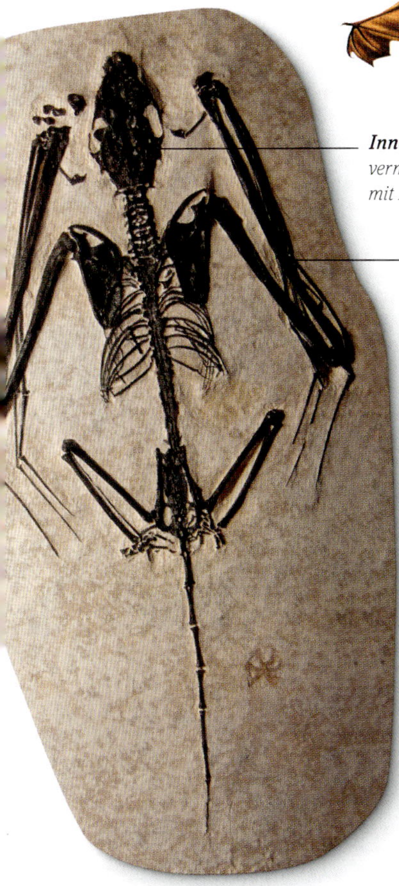

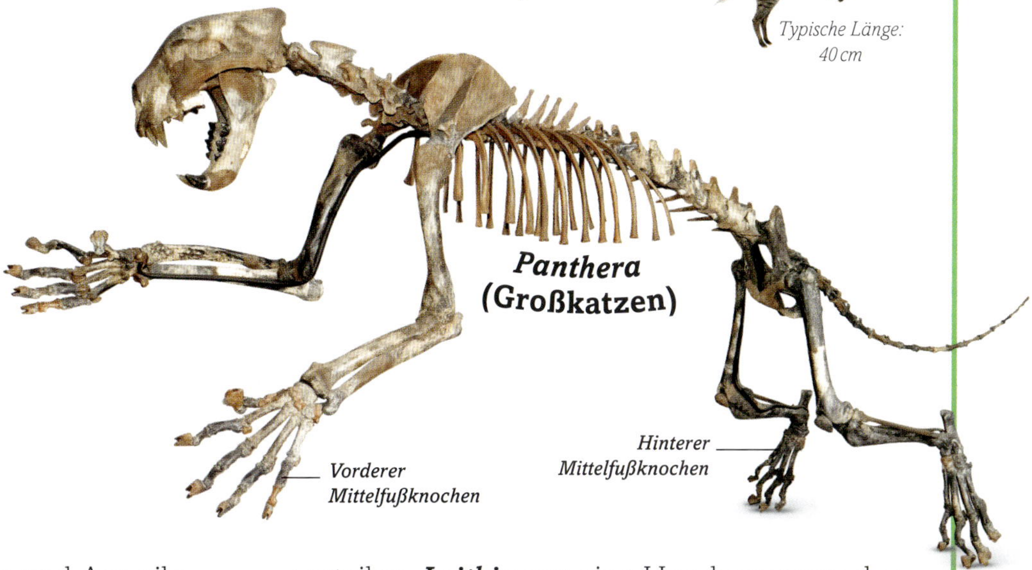

legen. Beuteltiere in Australien und Amerika gebären winzige unentwickelte Junge, die sie lange im Beutel säugen. ***Thylacoleo*** war ein australischer Beutellöwe und lebte etwa vor 2 Mio. bis 40 000 Jahren. Dank seiner scharfen Backenzähne konnte er Fleisch blitzschnell zerteilen. ***Leithia*** war eine Haselmaus von der Größe einer Ratte. Fledermäuse wie ***Icaronycteris*** breiteten sich vor 50 Mio. Jahren aus. Fleischfresser wie Löwen, Tiger ***(Panthera)***, Wölfe, Hyänen, **Bären** und Robben waren eine weitere wichtige Gruppe.

Großtiere und Mensch

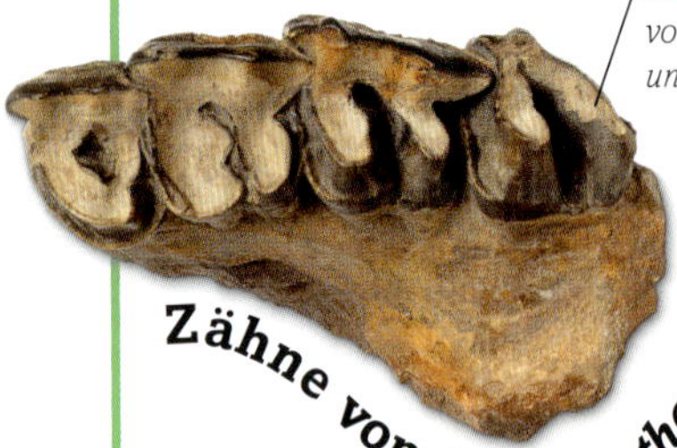

Zähne von *Paraceratherium*

Zähne *zum Zerkauen von Blättern, Gräsern und Buschwerk*

Schulterhöhe: 5,5 m

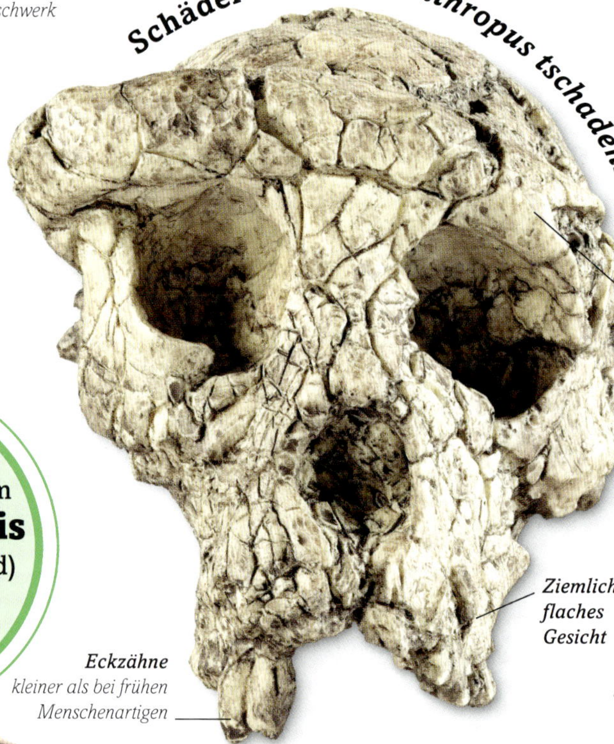

Schädel von *Sahelanthropus tschadensis*

Das Gehirn war so groß *wie das eines Schimpansen, es könnte sich also um einen gemeinsamen Vorfahren von Mensch und Affe handeln.*

Ziemlich flaches Gesicht

Eckzähne *kleiner als bei frühen Menschenartigen*

Stumpfe Zähne *zum Zermalmen von Pflanzen*

Eine Schädelverengung *hinter den Augenhöhlen bot weniger Platz fürs Gehirn.*

Mammut-kadaver wurden im **Permafrosteis** Sibiriens (Russland) **mumifiziert.**

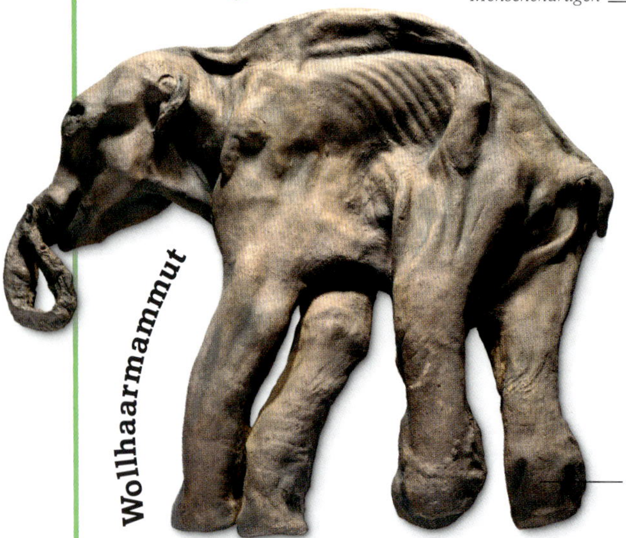

Wollhaarmammut

Haut *von gefrorenem Mammutbaby*

Schädel von *Homo habilis* („Geschickter Mensch“)

Gehirn größer *als bei früheren Menschen*

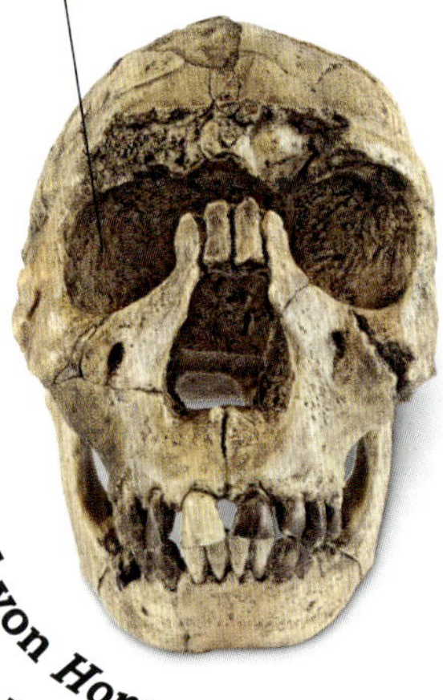

Schädel von *Homo ergaster* („Arbeitender Mensch“)

Nach dem Verschwinden der Dinosaurier bevölkerten nach und nach Säugetiere die Erde. Als das Klima kühler wurde, entwickelten sich in Afrika die heutigen Säugetiere und Vögel sowie die Vorfahren der Menschen.

Das größte Landsäugetier, das je die Erde bewohnt hat, war ***Paraceratherium***, ein hornloser Nashornverwandter. Das 20-t-Schwergewicht lebte vor 30 Mio. Jahren. Während der letzten Eiszeit, die vor etwa 110 000 Jahren begann und vor etwa 12 000 Jahren endete,

Schulterhöhe: 1 m

Schädel von *Smilodon*

Kompakte Schädelform

Sehr lange Fangzähne

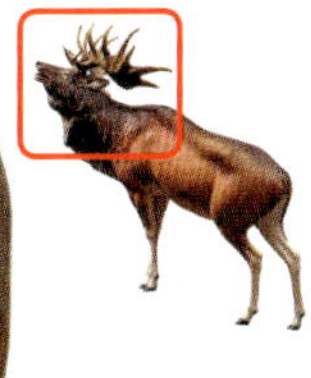

Schulterhöhe: 3 m

Megaloceros

***Das Geweih** war fast 3,5 m breit und wog 40 kg.*

Glyptodon

***Gigantischer Panzer** aus über 1000 Knochenplatten*

***Neandertaler** begruben ihre Toten häufig in der Erde.*

Neandertalerskelett

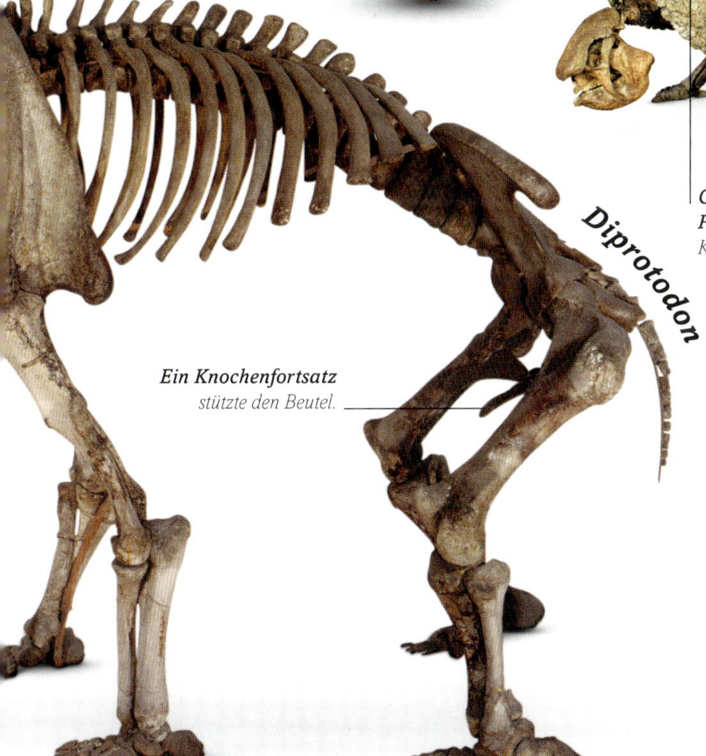

Diprotodon

***Ein Knochenfortsatz** stützte den Beutel.*

RIESIGE TIERE

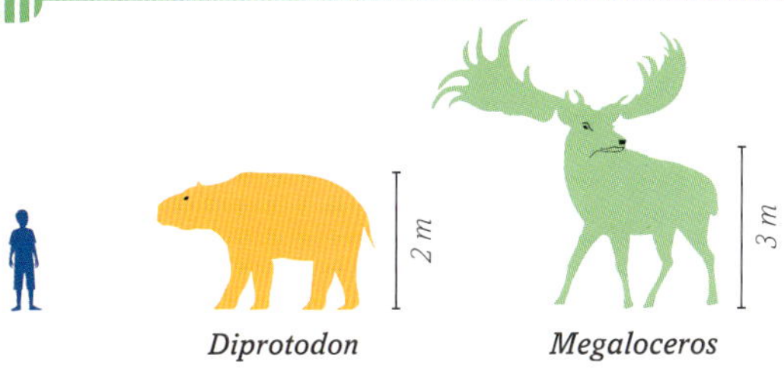

In Übergröße
Sehr große, pflanzenfressende Säugetiere durchstreiften damals die Landschaften. Sie brauchten unglaubliche Mengen Nahrung, um satt zu werden.

erschienen einige bekannte prähistorische Tiere. Das struppige **Wollhaarmammut** streifte durch die kalte Tundra. Zur gleichen Zeit lebten verschiedene Vorfahren des Menschen wie ***Homo habilis***, ***Homo ergaster*** und der **Neandertaler**. Ein gefährliches Raubtier war ***Smilodon***, eine Säbelzahnkatze mit extrem langen Fangzähnen. Das riesige Geweih des irischen Hirschs ***Megaloceros*** sollte wohl den Hirschkühen imponieren. Auch in Australien gab es Großtiere wie das ***Diprotodon***, eine Art Riesenwombat, der so groß war wie ein Flusspferd.

EISZEITLICHE HERDEN

Am 12. September 1940 erforschten vier Freunde die Höhle von Lascaux in Südwestfrankreich, als sie plötzlich auf einen unbekannten Zugang stießen. Was dahinter lag, ließ ihren Atem stocken: Nahezu 2000 gezeichnete Tiere hetzten über die Felswände der Höhle. Das unglaubliche prähistorische Kunstwerk stammt von Frühmenschen, die hier vor etwa 17 300 Jahren gelebt hatten.

An die 900 Tiere lassen sich an den Wänden der Höhle von Lascaux bestimmen – darunter Hirsche, Pferde, wilde Stiere und Bisons. Einige der Kunstwerke sind riesig: Ein Teil der Höhle, die Halle der Stiere, zeigt einen 5 m langen Bullen. Als Farben dienten angerührte Pasten aus Mineralstaub und Tierfett. Wir können nur vermuten, wie diese eindringlichen Malereien auf die Menschen damals gewirkt haben müssen. Möglicherweise drückten sie Dank für erfolgreiche Jagdzüge aus. Oder die Künstler schrieben den Tieren magische Fähigkeiten zu, die künftige Beutezüge begünstigen sollten. Wir werden es wohl nie erfahren.

Gehäuse von Schnecken & Muscheln

Gehäuse von Schnecken & Muscheln

Ein Gehäuse ist eine harte, schützende Außenschale, die manche Wirbellose (Tiere ohne Wirbelsäule) besitzen. Gehäuse von Meerestieren sind am häufigsten, sie gehören meistens Muscheln und Schnecken. Die Gehäuse dieser Tiere bestehen aus festem Proteinmaterial, dem Conchiolin, das sich mit Aragonitkristallen (einem Kalziumkarbonat) aus dem Meerwasser verbindet.

Windung › Eine Windung ist eine 360 Grad umfassende Umdrehung einer Schneckenhausspirale. Mit dem Wachstum des Tiers im Gehäuseinneren wächst auch das Gehäuse. Im Babystadium hat die Spirale eine durchsichtige Schale von eineinhalb Windungen. Nach 3 Jahren ist die Schnecke ausgewachsen. Die Spirale ist hart geworden und hat 9–11 Windungen.

Mündung › Die Mündung ist die Öffnung, durch welche das Tier aus dem Gehäuse herauskommt. Sie ist der jüngste Teil der gewachsenen Spirale. Der Mündungsrand entwickelt sich erst, wenn die Schnecke ausgewachsen ist, in der Regel im Alter von etwa 3 Jahren.

Gehäusearten

Muscheln
- Sie haben zwei mit Scharnier verbundene Schalenklappen und ernähren sich durch Filtrieren des Meerwassers.

Schnecken
- Sie wohnen in einem Schneckenhaus. Die meisten schaben ihre Nahrung mit einer Art Raspelzunge ab, der Radula.

Kopffüßer
- Sie sind in der Regel Schnellschwimmer. Nur wenige leben in einem Spiralgehäuse, viele haben gar keines.

Kahnfüßer
- Sie leben in einem hornartigen Gehäuse mit zwei Öffnungen. Ihr Lebensraum ist der Schlamm am Meeresboden.

Käferschnecken
- Sie haben ein flaches Gehäuse aus acht Platten. Die Tiere weiden Algen auf Klippen ab.

LEBENDE WEICHTIERE

Schnecken Diese Weichtiere umfassen Land-, Süßwasser- und Meeresschnecken (rechts) jeder Form und Größe. Manche sind Räuber und fressen andere Schnecken.

Muscheln Zu ihnen zählen Herz-, Mies- und Kammmuscheln, Austern, Jakobsmuscheln (rechts) und viele andere Familien. Die meisten leben im Meer, manche auch im Süßwasser.

Tonnen- und Strandschnecken

Einige größere **Tonnenschnecken-**Arten fangen Fische und verschlucken sie ganz.

Tonnenschnecken sind räuberische Meeresschnecken. Ihr Name deutet auf ihre Form hin – viele von ihnen haben tonnenförmige Gehäuse. Strandschnecken sind kleine Mollusken (Weichtiere), die an Meeresküsten leben.

Tonnenschnecken leben in tropischen Meeren und verbringen den Tag eingegraben im sandigen Meeresboden. Nachts jagen sie Seegurken. Ihre typischen runden Gehäuse mit winziger Spitze sind breiter als lang, wie etwa bei ***Tonna canaliculata***. Tritonschnecken wie ***Gelagna succincta***,

die ebenfalls in warmen Meeren leben, haben eine höhere Spitze. Sogar noch stärker ausgezogen ist die Spitze der **Turmschnecke**. Diese tropische Art filtert Nährstoffe aus dem Wasser – für Schnecken eher ungewöhnlich. Andere Schneckenarten ernähren sich ganz anders, z. B. die **Gemeine Strandschnecke**, die Algen auf Klippen abweidet. Sie ist an den Küsten des Nordostatlantiks häufig zu finden. Tonnenschnecken wie die **Gepunktete Tonnenschnecke** haben eine sehr weite Mündung, durch die sie ihren Fuß herausstrecken.

Flügel- und Kaurischnecken

Flügelschnecken **weiden** mit ihrer langen, dünnen Schnauze **Algen** ab.

Flügel- und Kaurischnecken haben wertvolle Gehäuse, die z. B. zu Schmuck verarbeitet werden. Erstere haben in Buddhismus und Hinduismus symbolische Bedeutung. Wie bei vielen Arten sind Gehäuse mit linksdrehendem Gewinde seltener.

Flügelschnecken sind große Meeresschnecken mit einer massiven Gehäusespirale. Die Form der **Großen Fechterschnecke** ist typisch für diese Art, deren wissenschaftlicher Name *Strombidae* lautet. Sie besitzen einen breiten Mündungsrand, der seitlich aus der Mündung des Gehäuses her-

RIESEN-SCHNECKENHAUS

35,2 cm
30 cm
Große Fechterschnecke
Lineal

Gewaltige Meeresschnecke
Die Große Fechterschnecke lebt im westlichen Atlantik an den Küsten der Karibik und Brasiliens. Ihr Gehäuse kann bis zu 11 Windungen aufweisen, für die das Tier rund 7 Jahre wächst.

ausragt. Bei Spinnenschnecken wie der **Gemeinen** und der **Violetten Spinnenschnecke** ragen stattdessen Stacheln wie Spinnenbeine aus dem Mündungsrand. **Spindelschnecken** gehören zu einer Gruppe kleiner, schmaler Schnecken. Der untere Teil ihres Gehäuses hat eine geriffelte Röhre, die den Sipho aufnimmt. Kaurischnecken sind glatt, leicht zu polieren und reich gemustert, wie z. B. die gepunktete **Tigerkauri** oder die hübsche **Goldkauri**. Die Spitze der Kaurigehäuse verschwindet während des Wachsens im Inneren. Alle Kauris haben gezähnte Mündungsränder.

UNGEWÖHNLICHE FORTBEWEGUNG Die Große Fechterschnecke, eine der größten Meeresschnecken, lebt in tropischen Flachmeeren des Westatlantiks vor Nord- und Mittelamerika sowie der gesamten Karibik. Seit Langem ist sie nicht nur wegen ihres Fleisches begehrt, sondern auch wegen ihres Gehäuses, das eine Länge von 15–31 cm erreichen kann.

Nach dem Schlüpfen beginnt die Große Fechterschnecke ihr Leben als kleine Larve, die im offenen Meer dahintreibt und sich von winzigem Plankton ernährt. Nach 18–40 Tagen lässt sie sich in den Sand nieder, wo sie sich eingräbt und innerhalb eines Jahres zu einer erwachsenen Schnecke heranwächst. Nach 3–4 Jahren sind Fechterschnecken geschlechtsreif und leben dann noch etwa 3 Jahre. Die Art ihrer Fortbewegung ist recht ungewöhnlich: Sie stemmen den Verschlussdeckel ihrer Mündung (das Operculum) in den Sand, strecken ihren Fuß und schleudern sich vorwärts – ein wenig wie ein Stabhochspringer. Diese Körperschubtechnik hilft dem Tier, im Ernstfall schnell einer Bedrohung entkommen zu können.

Schrauben-, Kegel- und Schlitzturmschnecken

All diese Gehäuse sind kegelförmig und spitz zulaufend. Ihre Bewohner sind Fleischfresser und erlegen ihre Beute mit hoch spezialisierten Mundwerkzeugen, die Gift in ihre Opfer einspritzen.

Schraubenschnecken erinnern ein wenig an Bohrer und die **Gefleckte Schraubenschnecke** ist in Asien tatsächlich zu diesem Zweck verwendet worden. Das Gehäuse der **Pfriemenschnecke** ist noch etwas schärfer, sie lebt aber in großen Tiefen und kann nicht so leicht gesam-

Das **erste Exemplar** der Wunderschnecke wurde **1877** gefunden, dann 60 Jahre kein weiteres.

Elfenbeinkegel

Dunkle Punkte laufen in Linien um das Gehäuse.

Indische Turmschnecke

Oben Zickzackstreifen, unten gerade Streifen

Furche

Japanische Wunderschnecke

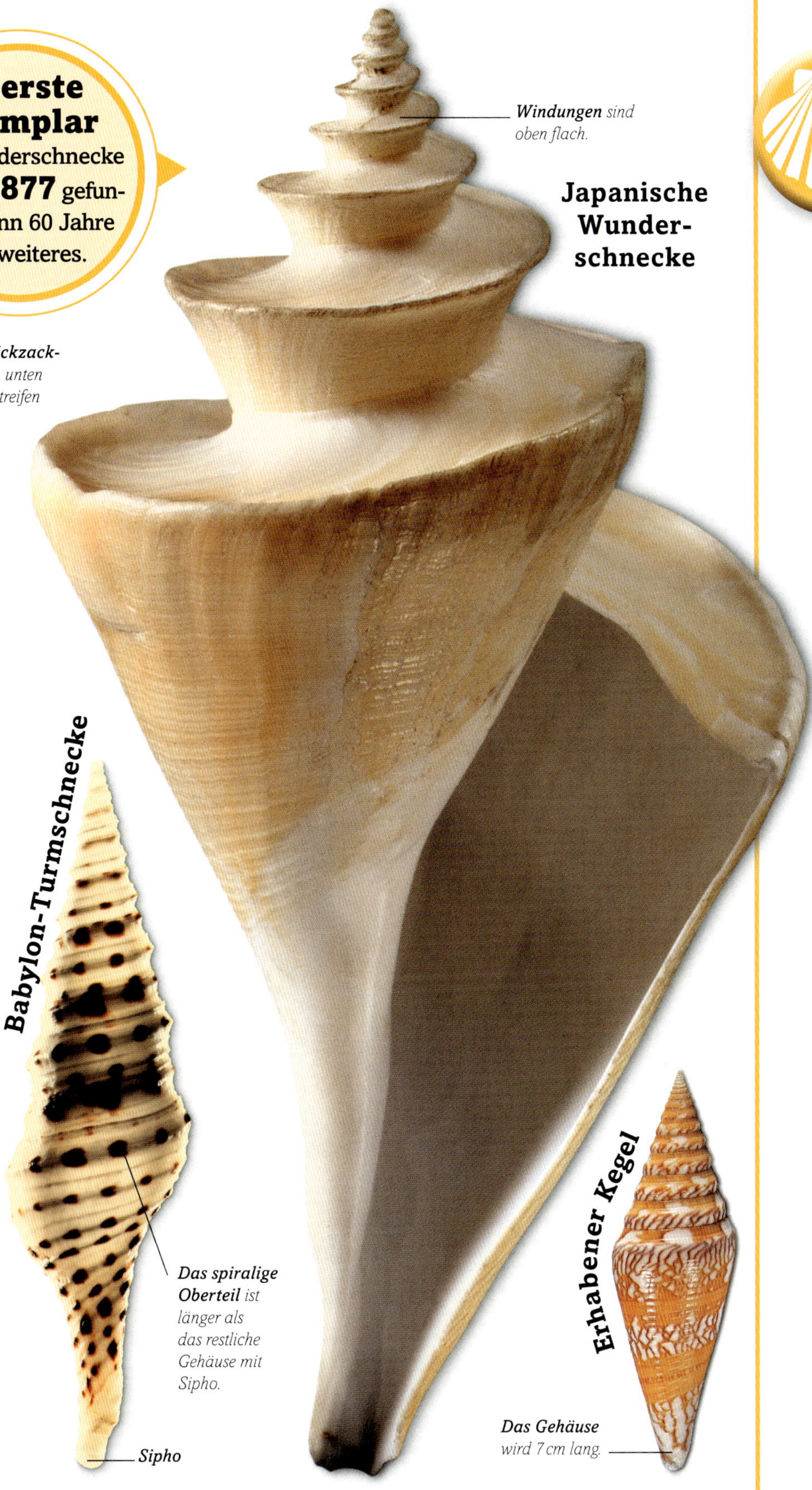

Windungen sind oben flach.

Ruhm des Meeres

Rotbraune Linien bilden kleine Dreiecke.

Cremefarbene Innenseite

Strumpfbandkegel

Dunkle Punkte und Striche umrunden den Kegel.

Babylon-Turmschnecke

Das spiralige Oberteil ist länger als das restliche Gehäuse mit Sipho.

Sipho

Erhabener Kegel

Das Gehäuse wird 7 cm lang.

melt werden. Spitze Schlitzturmschnecken wie die **Babylon-Turmschnecke** stellen mit 4000 Arten die größte Gruppe der Tiefseeschnecken. Die meisten von ihnen sind wie die **Indische Turmschnecke** mit Knoten und Beulen verziert. Kegelschnecken sind sehr artenreich und tragen oft Namen, die auf ihre Muster verweisen. So teilt der **Päpstliche Kegel** das Aussehen mit einer bestimmten Papstrobe. Kegelschnecken leben in tropischen Flachmeeren. Sie harpunieren und töten ihre Beute mit Giftpfeilen. Einige können auch für Menschen tödlich sein.

Wellhornschnecken und Verwandte

Hornschnecken verstecken sich gern in **Korallenriffen.**

Wellhornschnecken und ihre Verwandten leben in kühleren, rauen Küstenmeeren, aber auch in den Tropen und in der Tiefsee. Die Räuber und Aasfresser verfügen über ausgezeichnete Sinnesorgane für das Aufspüren von Nahrung.

Der Name „Wellhorn“ leitet sich von dem Aussehen der Schnecken (wie ein „gewelltes Horn“) ab. Das **Geringelte Wellhorn** gehört zu einer großen Schneckengruppe namens Neptunea, die an vielen Küsten der Erde zu Hause ist. Die **Eastwoods Pagodenschnecke** lebt an Süd-

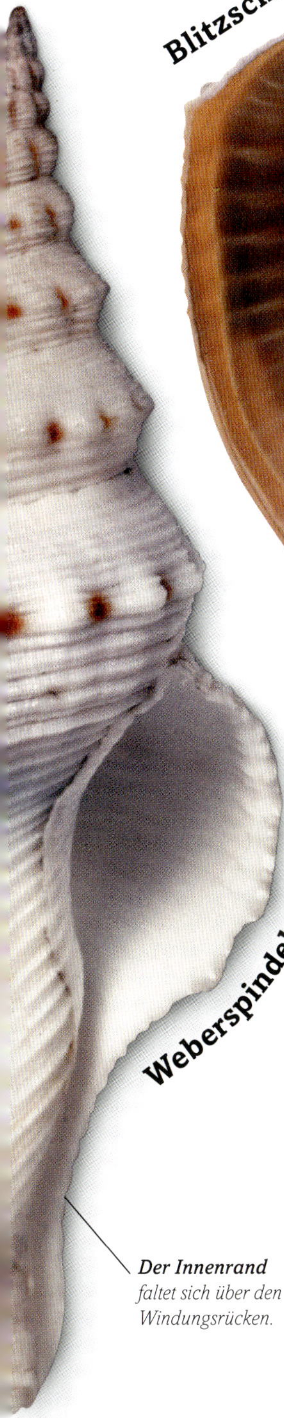

Weberspindel

Der Innenrand *faltet sich über den Windungsrücken.*

Blitzschnecke

***Stachelige Falten** von oben nach unten*

***Gehäuse** mit extrem links-gewundener Spiralstruktur*

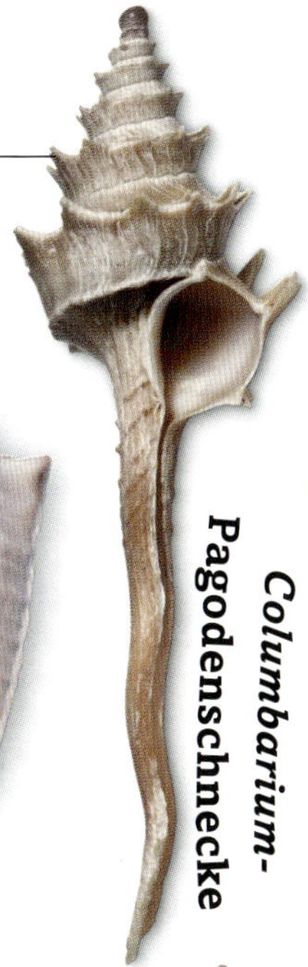

Columbarium-Pagodenschnecke

***Aufgebogene Stacheln** auf den Windungen*

Nassarius glans

***Zähne** entlang des Mündungsrands*

Dornige *Latirus*

***Breites Gehäuse** mit farbigen Rippen*

Latrius philberti

***Farbige Rippen** falten sich zu Furchen.*

REKORDHALTER

Gigantisches Schneckenhaus

Die größte je gefundene Blitzschnecke war 42,2 cm lang. Die Fundstelle lag bei Carrabelle in Florida (USA). Das Gehäuse dieser Schneckenart wird gewöhnlich etwa 10 cm lang.

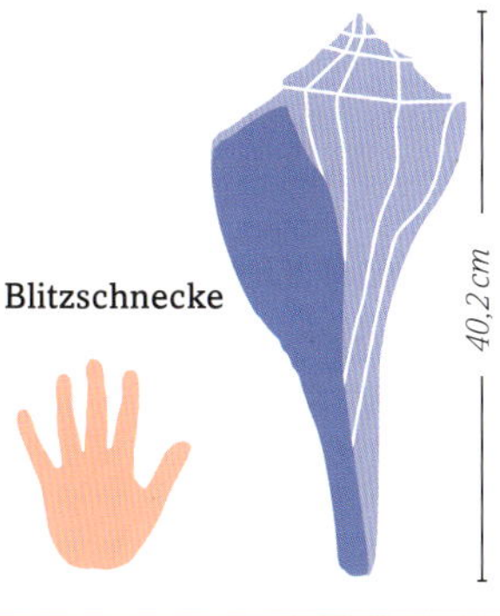

afrikas schlammigen Küsten. Die **Weberspindel** ähnelt mit ihrem typischen braun-orangfarbenen Muster den Pagodenschnecken. Die **Blitzschnecke** fühlt sich an den Küsten Floridas und an der Ostküste Nordamerikas wohl, ihre Verwandten besiedeln die westatlantischen Küsten.

Nassarius glans ist eine im Schlamm lebende Schnecke Südostasiens. Die **Dornige *Latirus*** und ***Latrius philberti*** gehören beide zu der großen Gruppe kleiner räuberischer Schnecken, die weltweit vorkommt.

Stachelschnecken und Verwandte

Stachelschnecken haben ungewöhnliche Gehäuse. Unter den vielen Stacheln, Dornen und Rüschen, die in alle Richtungen weisen, sind die Windungen kaum auszumachen. Stachelschnecken leben räuberisch in warmen Flachmeeren.

Einige Stachelschnecken wurden in der Antike teuer gehandelt. Man mahlte ihre Gehäuse, um aus ihnen Purpurfarbe zu gewinnen, mit der man die Kleider wohlhabender Römer färbte. Auch die **Stumpfe Stachelschnecke** gehörte zu ihnen. Die hübsche **Rosa Riesen-**

Die **kunstvollsten Verzierungen** zeigen Riesenstachelschnecken aus Sri Lanka.

stachelschnecke ist bei Gehäusesammlern sehr geschätzt. Allerdings gibt es Händler, die bei der Farbe nachhelfen. Der **Schwarze Igel** teilt seinen Namen mit einer Steinfrucht, der er ähnlich sieht, während das Gehäuse der **Geschnürten Purpurschnecke** dem von Stachelschnecken ähnelt. Das **Steinchen** entwickelt nur in bewegter Wasserumgebung Rillen, im Stillwasser ist das Gehäuse glatt. In Austernbänken kann die räuberische **Thomasschnecke** großen Schaden anrichten: Sie fräst sich durch das Gehäuse anderer Weichtiere hindurch.

Weitere Schneckenarten

Der lange Schlitz *verläuft entlang der Windung.*

Rumphius' Schlitzschnecke

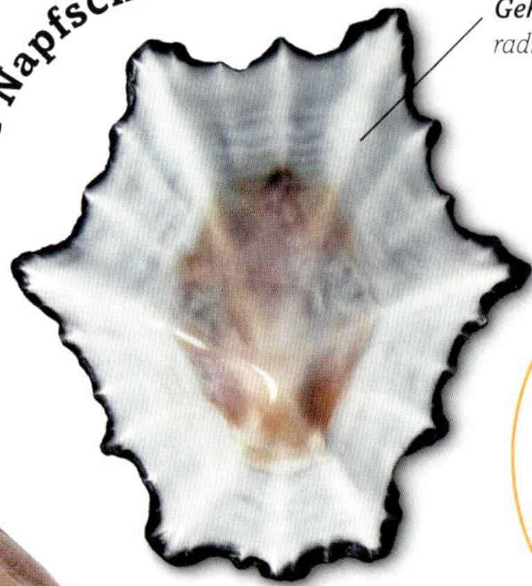

Langgerippte Napfschnecke

Gehäuse *mit radialen Rippen*

Turbanschnecken heißen nach dem Lateinischen *turbo* („drehende Spitze").

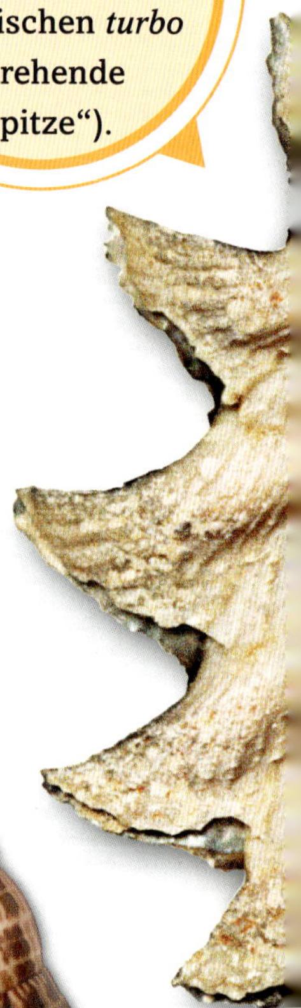

Perspektivschnecke

Zwei gestreifte Rippen *an der Gehäusebasis*

Silbermundturban

Dicke Rippen *im Inneren des Gehäuses*

Südafrikanische Turbanschnecke

Perlmutt *glänzt durch die Gehäusewand hindurch.*

Fasanenschnecke

Gerippte *Hell-dunkel-Bänder laufen senkrecht nach unten.*

Turban- und Napfschnecken zählen zu den einfach gebauten Meeresschnecken. Wie fast alle anderen Meeresschnecken benutzen sie Kiemen zum Atmen. Landschnecken und die meisten Süßwasserschnecken sind hingegen Lungenatmer.

Napfschnecken wie die **Langgerippte Napfschnecke** saugen sich in Gezeitenzonen an Felsen fest. Wenn mit der Ebbe das Wasser zurückweicht und die Schnecke trockenfällt, dichtet sie ihr Inneres wasserfest ab, damit sie nicht austrocknet, und kann dennoch weiter-

atmen. Unter Wasser pumpt die **Listers Schlüssellochschnecke** Wasser in ihr Körperinneres, um es an der Spitze durch ihr „Schlüsselloch“ wieder auszuspritzen, während die **Rumphius’ Schlitzschnecke** Wasser durch einen seitlichen Schlitz nach außen pumpt. ***Austrocochlea odontis*** sieht der Schlitzschnecke ähnlich, hat aber keinen Schlitz. Die **Triumphsternschnecke** trägt eine Reihe von Stacheln, die seitlich aus ihrem Gewinde herausragen.

MIT DEN WELLEN TREIBEN Während sich die meisten Schnecken mit einem biegsamen Fuß fortbewegen, lässt sich die Floßschnecke mit Strömungen treiben – unter einem „Floß“ aus Luftblasen. Sie greift andere im Meer treibende Tiere an wie die Portugiesische Galeere, eine giftige Quallenart. Die Raubschnecke kann nicht aktiv schwimmen und lebt, wohin die Strömung sie trägt.

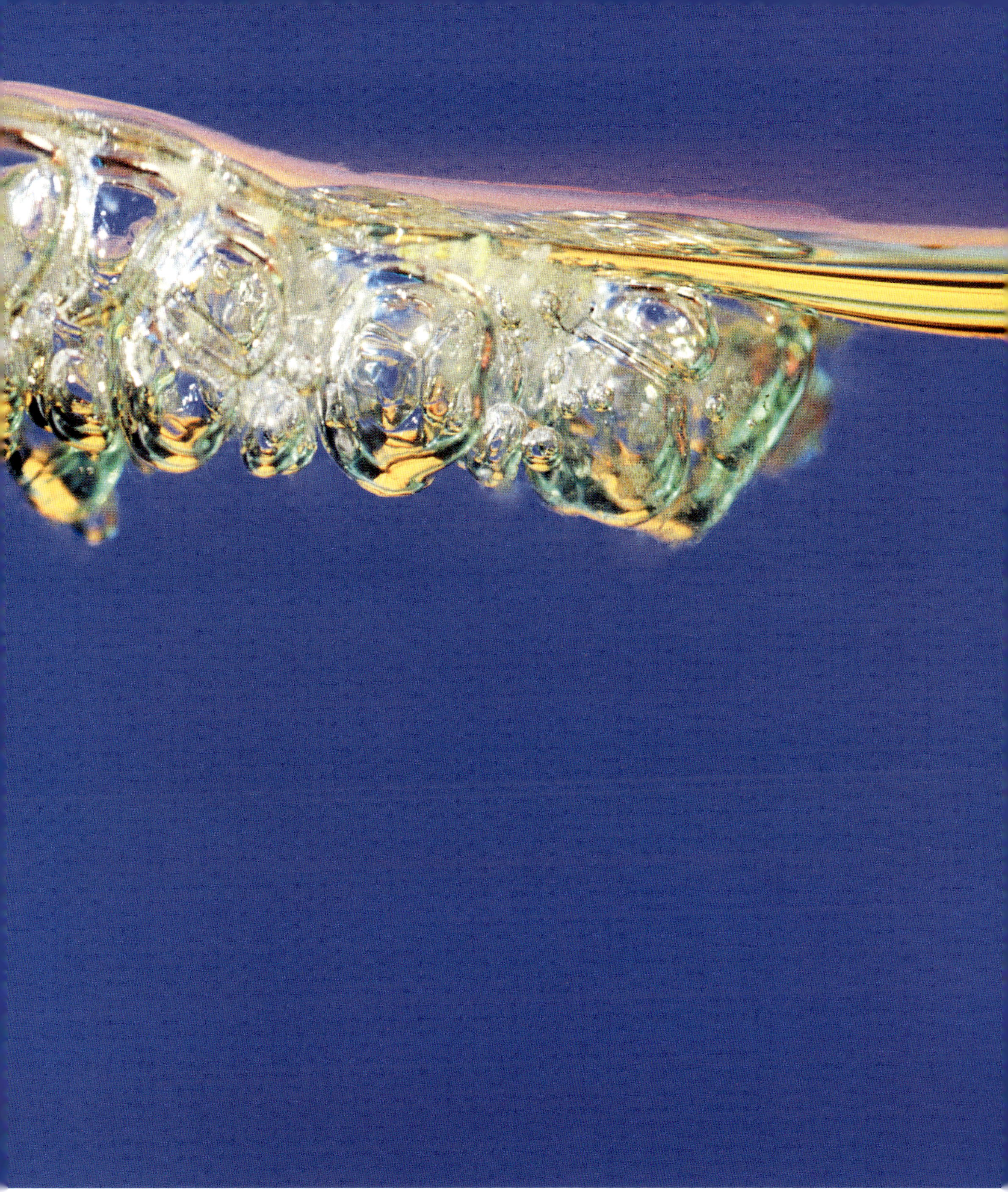

Für ihre „Floßfahrten“ schließt die Schnecke Luft in Schleimblasen ein, die dann fest werden. Diese Luftsäcke heftet sie sich an den Fuß. Das leichte, dünnwandige Gehäuse verhindert, dass die Schnecke im Wasser absinkt. So verbringt sie ihr Leben kopfüber, ihre Spitze weist in Richtung Meeresboden. Die Farben ihres Gehäuses dienen der Tarnung, die Schnecke nutzt dabei das sogenannte Prinzip der Gegenschattierung: Spitze und obere Windungen sind hell, Mündung und Fuß sind dunkelblau-violett gefärbt. Auf diese Weise kann ein Betrachter von oben die Schnecke kaum vom dunklen Meeresgrund unterscheiden, während man von unten den hellen Teil der Schnecke gegen den hellen Himmel kaum sieht.

Herzmuscheln und Verwandte

Die **Riesenherzmuschel** kann bis zu **12,7 cm** lang werden.

Herz- und Miesmuscheln haben zwei Klappen, die durch ein Scharnier beweglich miteinander verbunden sind. Die meisten von ihnen und der Tell- und Trogmuscheln sind Filtrierer – sie saugen Meerwasser an und filtern Nahrungspartikel heraus.

Herzmuscheln und ihre Verwandten haben symmetrischere Gehäuse als andere Muscheln. So zeigt das **Ochsenherz** eine fast perfekte Symmetrie, ebenso die **Flache Herzmuschel**. Die **Amerikanische Bohrmuschel**, auch **Engelsflügel** genannt, ist eine Ausnahme, denn sie hat

Große Teichmuschel

Schmale grüne, gelbe und schwarze Streifen *bedecken die Klappenoberflächen dieser Süßwassermuschel.*

Violette Venusmuschel

Tief eingeschnittene Rillen *enden als lange, rückwärtig weisende Stacheln.*

Zeltlager-Venusmuschel

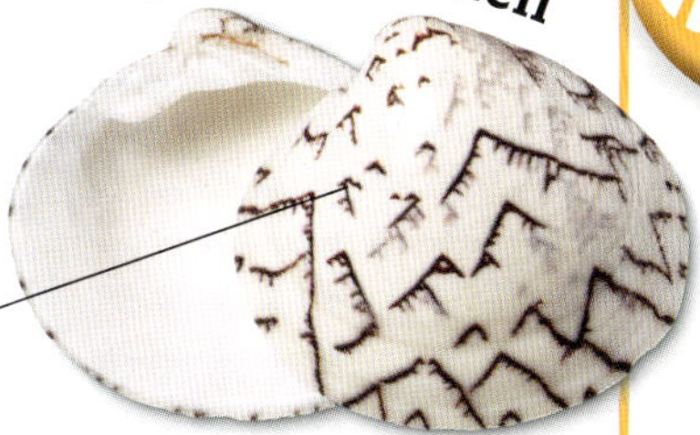

Zelt- oder hyroglyphenartige *Zeichnungen auf dem Gehäuse*

Flache Herzmuschel

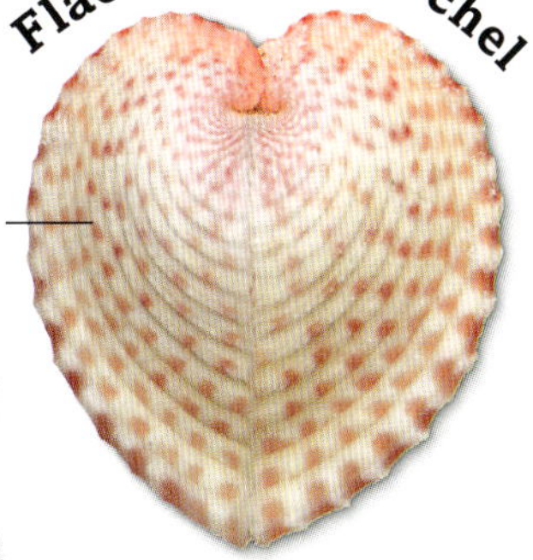

Rosafarbene gepunktete Zeichnung *auf den Klappen, die es auch in Gelb, Violett und Weiß gibt.*

Blutrote Sandmuschel

Das rosafarbene Gehäuse *erscheint um das Scharnier herum dunkler.*

Schwertmuschel

Das Gehäuse *ist nahezu rechteckig.*

Siliqua radiata

Helle Radialstreifen *auf dem Gehäuse*

Australische Broschenmuschel

Markante Rippen *auf dem Gehäuse*

Amerikanische Bohrmuschel (Engelsflügel)

Rippen, *innen und außen*

Ochsenherz

Das Gehäuse *wird etwa 10 cm lang.*

Gestreifte Tellmuschel

Streifen *überziehen das Gehäuse.*

GEWALTIGE KÖRPERMASSE

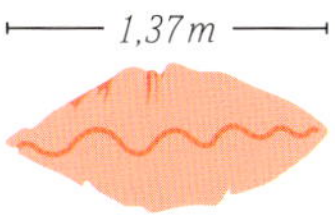

Große Riesenmuschel

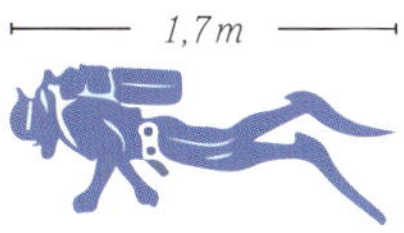

Taucher

Giganten am Meeresboden

Die Großen Riesenmuscheln sind die größten Weichtiere mit Gehäuse. Sie können bis zu 1,37 m Länge erreichen und 100 Jahre alt werden.

unterschiedlich lange Klappen. Die **Schwertmuschel** ist nach ihren langen scharfen Klappenkanten benannt. Sie gräbt sich in den Sandstrand nahe der unteren Wasserlinie ein. Auch die **Riesenherzmuschel** bevorzugt sandigen Grund, sie lebt aber auch in tieferen Regionen.

Die **Gestreifte Tellmuschel** gräbt sich in den Meeresboden ein und streckt ihren überlangen Sipho nach oben in die Strömung. Venusmuscheln wie z. B. die **Violette Venusmuschel** und die **Zeltlager-Venusmuschel** sind nach der römischen Göttin der Liebe benannt.

GIGANT IM KORALLENRIFF

Die größte aller Muscheln, die Große Riesenmuschel, lebt zwischen Korallen, Schwämmen und Seegras in tropischen Riffen. Da sie bis zu 100 Jahre alt werden kann, überlebt sie alle ihre Nachbarn. Im Laufe der Zeit siedeln sich auf ihrem Gehäuse allerlei „Untermieter“ wie etwa Seepocken an. Auch das Innere der Muschel wird von anderen Tiere bewohnt.

Die Riesenmuschel kann mit ihren mächtigen Klappen alles festhalten, was zwischen sie gerät. Die Muschel schließt ihre Klappen aber nur bei Gefahr, und auch dann so langsam, dass sie wohl keinen Taucher festhalten könnte. Am Tag sind die Klappen weit geöffnet, um Wasser einzulassen, aus dem die Muschel Nährstoffe filtert. Außerdem frisst sie winzige Algen, die innerhalb ihres Körpergewebes leben. Als Ausgleich für einen sicheren Unterschlupf geben die Algen einen Teil des von ihnen erzeugten Zuckers an die Muschel ab. Diese Lebensweise wird „mutualistische Symbiose" genannt. Die zusätzliche Nahrung könnte der Muschel zu ihrem Riesenwuchs verhelfen.

Austern, Pilgermuscheln und Verwandte

Stachelige Austern wurden schon **4500 v. Chr. als Schmuck** gehandelt.

Es gibt viele verschiedene Austernarten, die alle berühmt sind für ihre Perlen. Pilgermuscheln haben rundliche Klappen und ohrförmige Fortsätze am Scharnier. Aufgrund ihrer Form sind sie die wohl bekanntesten Muscheln.

Austern und Pilgermuscheln unterscheiden sich nicht nur in ihrer Form, sondern auch hinsichtlich ihrer Lebensräume. Junge **Pazifische Stachelaustern** und **Hahnenkammaustern** heften sich an Felsklippen und bewegen sich dann ihr ganzes Leben lang nicht weg. Anders

Hahnenkammauster

Dreieckige Zähnung

***Kleine Knoten** auf den inneren Kanten*

Große Pilgermuschel

***Die Klappen** öffnen sich, wenn die Muschel Nahrung zu sich nimmt.*

***Muschelkörper** im Inneren*

Atlantik-Löwenpranke

***Neun Hauptrippen,** dazwischen viele schmale Grate*

***Purpur-braune Färbung** im Inneren*

Australische Kammmuschel

***Ein „Ohr" ist** größer als das andere.*

Königsmantel

Wirbel

Kleine Pilgermuschel

***Die rechte Klappe** ist schwächer gebogen als die linke.*

Sattelmuschel

***Das Gehäuse** ist sattelförmig eingebuchtet.*

die **Australische Kammmuschel**, die **Atlantik-Löwenpranke** und die **Kleine Pilgermuschel**, die zeitlebens auf Wanderschaft sind. Rasches Öffnen und Schließen beider Klappen erzeugt einen Rückstoß, mit dem sie sich fortbewegen und sogar im offenen Meer schwimmen können.

Auch die Pazifische Feilenmuschel, deren Oberfläche und Kanten an eine raue Feile erinnern, bewegt sich so fort. Die **Große Pilgermuschel** hingegen ist dafür zu groß, sie verbringt ihr Leben im Sand liegend.

Ungewöhnliche Gehäuse

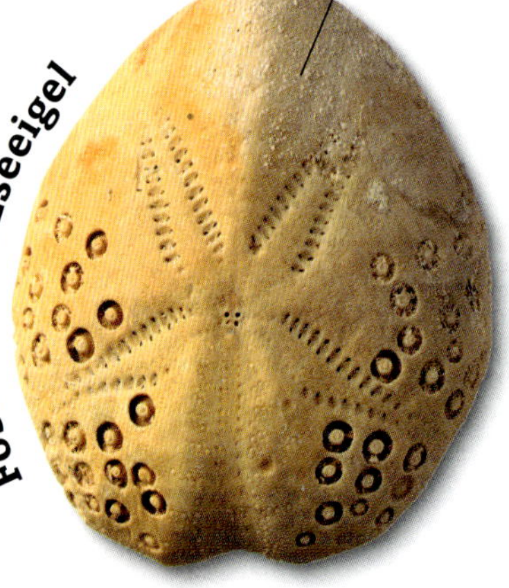

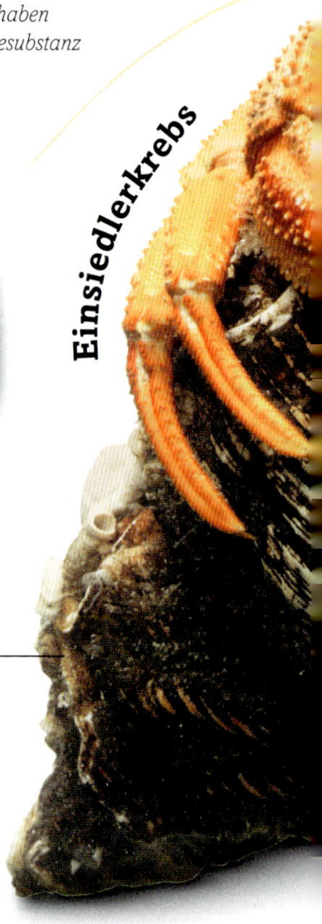

KÄFERSCHNECKE

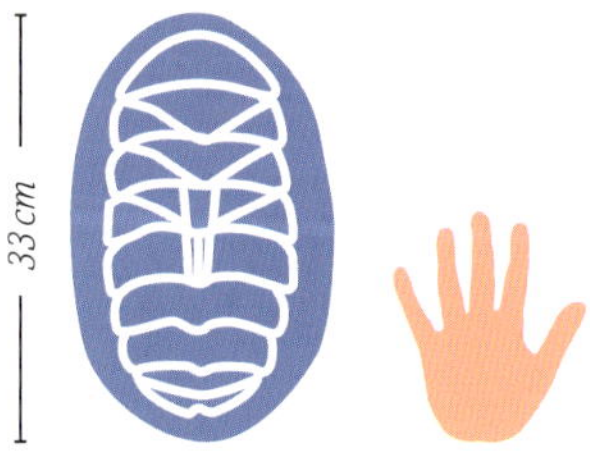

Die Größte der Familie
Die Gummistiefel-Käferschnecke ist die Größte ihrer Art in der Welt. Sie wird bis zu 33 cm lang bei einem Gewicht von maximal 2 kg.

Die meisten Weichtiere sind Schnecken (Meeres- und Süßwasserschnecken) und Muscheln (z. B. Herz- und Pilgermuscheln). Es gibt aber auch Weichtiere, die andere Lebensformen entwickelt haben, und Schalentiere, die gar keine Weichtiere sind.

Die **Marmorierte Käferschnecke** gehört zu einer kleinen Gruppe von Weichtieren. Käferschnecken haben acht Platten, die sich zu einem stabilen, biegsamen Panzer überlappen. Sie grasen Felsen besiedelnde Algen ab. Kopffüßer sind aktiv schwimmende Weichtiere mit Fangarmen.

***Diesem Krebs** fehlt ein eigener Panzer.*

Elefantenzahn

***Die Rippen** werden gegen Ende der Röhre dicker.*

Eleganter Kahnfüßer

***Die Spitze** wird während des Wachstums stumpfer.*

***Öffnung** am dicken Ende*

Schöner Kahnfüßer

Farbige Ringe *umgeben die Röhre.*

Braunes Papierboot

***Dünnes,** an Papier erinnerndes Gehäuse*

Pfeilschwanzkrebs

***Der Kopfschild** heißt auch Prosoma.*

Gemeines Perlboot

***Dunkler Abschnitt** mit Wohnhöhle des Weichkörpers*

***Die Abstände zwischen den Streifen** werden größer, bis sie ganz verschwinden.*

Posthörnchen

***Das Gehäuse** ist in Kammern unterteilt.*

Pfeilschwanzkrebse leben seit **300 Mio. Jahren** im Meer.

Zu ihnen zählen schalenlose Kraken, Tintenfische und Sepien mit Innenskelett. Nur wenige Kopffüßer haben ein Gehäuse, etwa das **Perlboot** und das **Posthörnchen**. Der **Elefantenzahn** und andere im Sand wühlende **Kahnfüßer** gehören ebenfalls zu den Weichtieren. Die **Seeigel** mit innerem Kalkskelett sind Stachelhäuter, ebenso wie die Seesterne. **Pfeilschwanzkrebse** hingegen gehören zu den Gliederfüßern, die mit Spinnen und Skorpionen verwandt sind. Auch Krebse sind echte Gliederfüßer, z. B. der **Einsiedlerkrebs**, der die leeren Gehäuse toter Schnecken bewohnt.

TAUCHENDE MEERESTIERE

Das Gemeine Perlboot ist ein Kopffüßer und mit Kraken und Tintenfischen verwandt. Wie andere seiner Artgenossen schwimmt auch das Perlboot frei im Wasser. Seine Beute fängt es mit seinen zahlreichen Fangarmen, mit dem Schnabel beißt es sich durch Gehäusewände. Anders als seine Verwandten lebt das Tier im Inneren seines Gehäuses.

Das Gemeine Perlboot lässt sich mit einem U-Boot vergleichen. Sein Spiralgehäuse ist in viele Kammern unterteilt, von denen die vorderste dem Tier als Wohnhöhle dient. Wird sie ihm zu klein, nimmt es die nächsthintere noch dazu und dichtet sie zur nächstkleineren ab. Durch alle Kammern hindurch verläuft eine dünne Röhre, die das Perlboot dazu nutzt, das Verhältnis von Luft und Wasser in den Kammern zu steuern. Mehr Wasser in den Kammern lässt das Tier sinken, mit weniger steigt es an. Wie alle Kopffüßer kann das Perlboot Wasser ausstoßen (Rückstoßprinzip genannt) und mit dem Gehäuse voraus schwimmen. Die 90 Fangarme sondern ein klebriges Sekret ab, um Beute besser festzuhalten.

Glossar

Achondrit Steinmeteorit, der keine Chondren (Silikatkügelchen) enthält. *Siehe auch* Chondrit

Akzessorien Minerale, die in einem Gestein nur in geringen Mengen vorkommen; auch Nebengemengteile genannt.

Asteroid Ein Brocken außerirdischen Gesteins, der die Sonne umkreist.

Ausgestorben Eine Tier- oder Pflanzenart, von der es kein lebendes Exemplar mehr gibt. Viele Fossilien wie Trilobiten und Dinosaurier zählen dazu.

Ausfällung Trennung chemischer Stoffe. Durch ein Fällungsmittel wird ein gelöster Stoff in eine feste Form übergeführt und aus einer Lösung ausgeschieden. Auch Fällung genannt.

Barren Typische Handelsform von Metallen (Goldbarren), meist rechteckig.

Batholith Riesiger plutonischer Intrusivkörper innerhalb der Erdkruste. *Siehe auch* Intrusivgestein

Brekzie Sedimentgestein aus eckigen Gesteinsbruchstücken.

Bruch Die typische Art, wie ein Mineral bricht.

Cabochon Edelstein, der rund poliert ist und keine ebenen Schlifflächen aufweist. *Siehe auch* Facetten

Canyon Durch die Erosion eines Flusses tief eingeschnittene, steilwandige Schlucht.

Chalcedon Mikrokristalline Form von Quarz. Am bekanntesten sind Achat, Feuerstein, Onyx und Jaspis.

Chondrit Steinmeteorit mit Chondren (Silikatkügelchen).

Coccolith Winziges Plättchen aus Kalk als Überrest der Gehäuse von Kalkalgen. Die weißen Kreidefelsen von Rügen bestehen daraus.

Dendritisch Ein Habitus, der wie ein verästelter Busch aussieht.

Dodekaedrisch Kristallform mit 12 Kristallflächen.

Durchsichtig Eigenschaft einer Substanz, Licht hindurchzulassen.

Edelstein Besonders hartes, schönes und schleifbares Mineral, das wegen seiner Schönheit und Seltenheit geschätzt wird. Wird zu charakteristischen Formen geschliffen.

Einschluss Ein Material, das während des Kristallwachstums in den Kristall eingebaut wird, z. B. eine Gasblase.

Eiskappe Dicke Eisbedeckung durch einen Gletscher an Land. Größere Eiskappen bezeichnet man als Eisschilde, z. B. auf Grönland.

Element Eine chemische Substanz, die aus gleichen Atomen besteht und nicht weiter teilbar ist.

Erdmantel Schicht des Erdkörpers zwischen dem Erdkern im Zentrum und der außen liegenden Erdkruste. Er macht 80 Prozent des Erdvolumens aus und besteht aus dichtem, heißem, zähflüssigem Gestein.

Erosion Verwitterung, Abtragung und Abtransport der festen Erdoberfläche durch die Einwirkung von Temperatur, Wasser, Wind und Eis. Führt zur Einebnung der Landschaft.

Erz Gestein oder Mineral, das als Rohstoffquelle Metalle liefert.

Evaporite Natürliche Salzminerale, die als Rückstand entstehen, wenn mineralhaltiges Wasser (v. a. Meerwasser) verdunstet.

Extrusivgestein Ein magmatisches Gestein, das aus aufgestiegenem und an der Erdoberfläche erstarrtem Magma entstanden ist.

Facette Ebene Fläche, die in einen Edelstein geschliffen wird.

Faserig Mineralhabitus aus dünnen Mineralfasern (z. B. Asbest).

Flügelspannweite Strecke von einer Flügelspitze zur anderen bei ausgestreckten Flügeln.

Fluoreszenz Optische Eigenschaft von Mineralen, unter UV-Licht farbig aufzuleuchten. Diese Farben unterscheiden sich oft von denen unter normalem Licht.

Fossil Überreste oder Spuren von Organismen, die in Gesteinen, Mineralen oder Teer erhalten geblieben sind, z. B. Knochen, Zähne, Gehäuse, Fußspuren, Kot, Holz, Blätter und Blütenpollen.

Fossilhaltig Fossilien führendes Gestein.

Fremdbestandteil Atome oder Verbindungen, die im Kristallgitter eines Minerals „fremd" sind und seine Eigenschaften beeinflussen, z. B. seine Farbe.

Gediegen Mineral oder Metall, das in chemisch reiner Form in der Natur vorkommt, z. B. Gold.

Geode Kleiner Hohlraum im Gestein, der (teilweise) mit gewachsenen Mineralen verfüllt ist. Typisch für Achate.

Gestein Fest verbundenes Gemisch aus Mineralen. Es gibt drei Familien: magmatische, metamorphe und sedimentäre Gesteine.

Glanz Art der Lichtreflexion auf einer Mineraloberfläche.

MINERALE BESTIMMEN

Es gibt mehrere Wege, Minerale zu bestimmen, z. B. die Beobachtung von Farbe und Form sowie der Art der Lichtreflexion. Die Härte eines Minerals kann man durch Kratzen mit Vergleichswerkzeugen bestimmen.

FARBE

Viele Minerale besitzen für sie typische Farben, die ein schnelles Erkennen erleichtern. Andere, wie Fluorit, können in vielen Farben vorkommen, je nach eingebauten Fremdelementen.

Violetter Fluorit

Grüner Fluorit

GLANZ

Glanz ist die Art, wie ein Mineral Licht reflektiert. Es gibt eine Reihe von Bezeichnungen dafür, z. B. wachsartig, metallisch, erdig, glasig, harzartig.

Galenit: metallischer Glanz

Quarz: glasiger Glanz

SPEZIFISCHE DICHTE

Sie gibt die Masse eines Minerals an im Verhältnis zur Masse von Wasser mit demselben Volumen.

Jaspis: 2,7

STRICH

Dasselbe Mineral kann in mehreren Farben auftreten, etwa wenn es verwittert ist. Geologen verwenden eine raue Keramikplatte und reiben das Probematerial darauf. Feinste Mineralteilchen ergeben den stets gleichfarbigen „Strich".

Auripigment

Cinnabarit

BRUCH

Minerale brechen und splittern auch abseits ihrer Spaltbarkeitsflächen. Wie sie das tun, ist oft typisch für das jeweilige Mineral.

Obsidian: muscheliger Bruch

TRANSPARENZ

Wenn Licht durch ein Mineral dringt, nennt man es durchsichtig. Ein opakes Mineral lässt kein Licht hindurch. Durchscheinend ist diffuses Durchdringen.

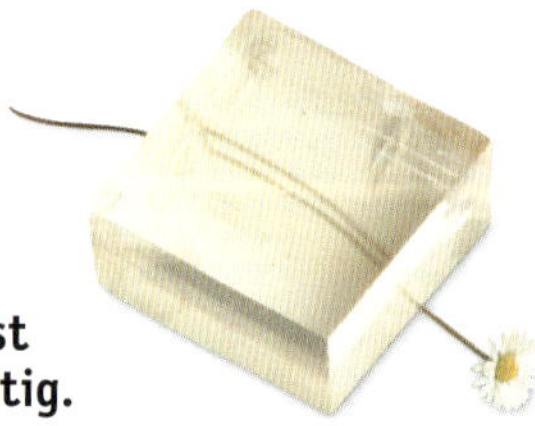
Kalzit ist durchsichtig.

SPALTBARKEIT

Die meisten Kristalle besitzen Schwächezonen entlang von Flächen, an denen sie spalten. Da sich die Gitterstruktur im Kristall unendlich oft wiederholt, treten diese Flächen ebenso oft auf – in exakten regelmäßigen Winkeln.

Topas spaltet nach dem Prisma.

HÄRTE

Ein wichtiger Test für Minerale ist die Mohshärte mit einer Skala von 1 bis 10 (ganz weich bis sehr hart). Dazu kratzt man das zu bestimmende Mineral mit anderen Materialien, deren Härte man kennt.

Talk: Härte 1, mit dem Fingernagel ritzbar

Diamant: Härte 10, kann Glas schneiden

HABITUS

Das äußere Erscheinungsbild eines Kristalls nennt man Habitus. Er richtet sich nach der Grundform, den die Kristalle während des Wachstums einnehmen. Hat ein Kristall keine klare Form, nennt man ihn „massiv".

Vivianit: nadeliger Habitus

Gipsrose: blättriger Habitus

Grundgestein Gesteine, die unterhalb von Böden und Sedimenten liegen, meist sehr alt.

Grundmasse (Matrix) Kompaktes, feinkörniges Material aus Mineralen, in das gröbere Kristalle eingebettet sind.

Habitus Aussehen und Form eines Minerals. Er wird beeinflusst von den Bedingungen beim Kristallwachstum und durch das jeweilige Kristallsystem.

Intrusivgestein Magma, das innerhalb der Erdkruste abgekühlt und erstarrt ist, z. B. Granit.

Irisieren In Regenbogenfarben schillern. Seifenblasen haben z. B. eine irisierende Oberfläche.

Kalkig Gestein, das einen erheblichen Anteil an Kalziumkarbonat enthält.

Karat Standardmaß für das Gewicht von Metallen und Edelsteinen. 1 Karat = 0,2 g.

Knolle Harter, steiniger, rundlicher Klumpen in Sedimentgesteinen. Besteht meist aus Kalzit, Quarz, Parit oder Gips.

Konkretion Harte und kompakte mineralische Substanz, die sich durch Ausfällung in den Klüften eines Sedimentgesteins ablagert. Oft als Knolle in Tonstein, Kalkstein oder Böden.

Kristall Natürlich vorkommende mineralische Substanz mit geordnetem 3-D-Atomgitteraufbau.

Kristallfläche Ebene Fläche an einer Kristalloberfläche.

Kristallsystem Geometrisches System, mit dem Kristalle in sechs unterschiedliche Symmetrieklassen eingeteilt werden: kubisch, monoklin, triklin, trigonal/hexagonal, orthorhombisch und tetragonal.

Lava Magma, das auf der Erdoberfläche in einem Vulkan ausgetreten und zu einem Extrusivgestein erstarrt ist.

Magma Geschmolzenes Gestein, das tief im Erdinneren entsteht. Unter Vulkanen liegen Magmakammern, in denen sich das Magma sammelt, bevor es ausbricht.

Magmatische Gesteine Gesteine, die durch erkaltendes Magma in der Erdkruste oder auf der Erdoberfläche entstehen.

Metamorphe Gesteine Gesteine, deren Minerale durch Hitze und hohen Druck verändert worden sind.

Meteor Gesteinsbrocken und Staub aus dem Weltall, die beim Eintritt in die Erdatmosphäre auf- und verglühen und nachts als „Sternschnuppe" zu sehen sind.

Meteorit Gesteinsbrocken, der beim Eintritt in die Atmosphäre nicht ganz verglüht und in Teilen die Erdoberfläche erreicht.

Mikrokristallin Korngröße von Kristallen, die nur unter dem Mikroskop zu erkennen ist.

Mineral Natürlich vorkommender Festkörper mit spezifischen Eigenschaften wie Härte, Glanz, chemische Zusammensetzung und Kristallform.

Nugget Kleiner Klumpen aus Edelmetall in gediegener Form.

Oktaedrisch Kristall mit acht Flächen und sechs Ecken.

Opak Material, das kein Licht hindurchlässt.

Organisch Auf Lebewesen bezogen.

Perlmuttglanz Glanz wie im Inneren einer Muschelschale.

Pigment Farbmaterial, das zu Farbstoffen zermahlen worden ist.

Pisolithisch Gestein mit erbsenförmiger Struktur.

Plateau Erhöhte, ebene Landschaftsform, Hochebene.

Polymorph Mineral von gleicher chemischer Zusammensetzung, aber verschiedener Kristallstruktur.

Porphyrisch Gesteinsstruktur aus einer feinkörnigen Grundmasse und eingesprengten größeren Kristallen.

Prisma Längliche Kristallform mit gleich großen Endflächen, die parallel zueinander liegen.

Prismatisch Kristallform mit einheitlichem Querschnitt und parallelen Längsseiten.

Rekristallisation Begriff für das Wachstum sekundärer Minerale, aber auch für die Neubildung eines bestehenden Kristallgefüges infolge von Hitze und hohem Druck.

Riefung (Streifung) Auffällige Kratzer in Gesteinen oder Mineralen, meist parallel in einer Richtung.

Schildvulkan Breit ausladender Vulkan mit sanft ansteigenden Flanken. Stößt sehr heiße, schnell fließende Lava aus.

Schmelzen (verhütten) Metallabtrennung und -gewinnung durch Erhitzen von Erz.

Sediment Gesteins- und Mineralbruchstücke oder organische Substanz, die durch Wind, Wasser oder Eis abgetragen, transportiert und abgelagert worden sind.

Sedimentgestein Gestein, das durch Wasserverlust, Verdichtung, Aushärtung und Verfestigung aus Sediment entstanden ist.

Seife (Geologie) Durch Schwerkraft bedingte Anreicherung schwerer Mineral- und Metallkörner in Flusssanden.

Sekundärmineral Kompletter Ersatz eines Minerals durch andere infolge von Verwitterung oder gesteinsverändernden Prozessen.

Spaltbarkeit Für ein Gestein oder Mineral typische Art sich zu spalten (Bildung von Spaltrissen), gemessen als Spaltwinkel.

Störung (Verwerfung) Bruchfläche oder Schwächezone im Gestein, an der entlang sich große Gesteinsblöcke gegeneinander oft ruckartig bewegen und Erdbeben auslösen können.

Tektonische Platte Große Gesteinstafel als Teil der obersten Erdkruste, die von der aufsteigenden Hitze des Erdinneren in Bewegung versetzt wird. Dort, wo Platten auseinanderweichen oder zusammenstoßen, entstehen Erdbeben und Vulkanausbrüche.

Traubig Bezeichnung für einen Habitus, der das Aussehen einer Weinrebe hat.

Versteinerung Vorgang, bei dem Teile von abgestorbenen Organismen mineralisiert und fossilisiert werden.

Verwitterung Allmählicher Zerfall von Gestein an der Erdoberfläche durch die Einwirkung von Hitze, Frost, Wasser, Säuren und Eis. Teil der Erosion.

Vulkan Ort, an dem heiße Gase und Lava aus dem Erdinneren gefördert werden. Das Aufsteigen des Magmas erfolgt in Spalten und schließlich im Vulkanschlot.

Vulkanische Bombe Großer Lavabrocken, der aus dem Vulkanschlot herausgeschleudert wird.

Wirbellose Tiere ohne Wirbelsäule wie Würmer, Insekten oder Weichtiere.

Zwilling Zwei an einer Fläche zusammengewachsene Kristalle.

Register

Wavellit

Logan-Saphir

M

N O

P

Q R

S

T

U V W

X Z

Dank und Bildnachweis

Der DK Verlag dankt Sonam Mathur, Ateendriya Gupta, Daisy, Rupa Rao, Sreshtha Bhattacharya und Virien Chopra für Redaktionsassistenz, Heena Sharma, Nidhi Rastogi und Sanjay Chauhan für Designassistenz, Syed Md Farhan und Nand Kishore Acharya für DTP-Assistenz, Kealy Wilson und Ellen Nanney von der Smithsonian Institution, Helen Peters für das Register sowie Tom Jackson für Zusatztexte.

Der Verlag dankt folgenden Personen und Organisationen für die freundliche Genehmigung zum Abdruck von Fotos:

(Abkürzungen: o = oben, u = unten, m = Mitte, l = links, r = rechts, g = ganz, Hg = Hintergrund)

1 Corbis: Walter Geiersperger (m). **4 Alamy Images:** PjrStudio (mr). **5 Dorling Kindersley (DK):** Senckenberg Gesellschaft für Naturforschung (mr). **6 Corbis: Charles O'Rear (ul). DK:** Senckenberg Naturmuseum, Frankfurt (um). **National Museum of Natural History, Smithsonian Institution:** Dane A. Penland (gom). **7 Alamy Images: PjrStudio (ul). Corbis:** Layne Kennedy (gor). **DK:** The Natural History Museum, London (gom, um). **Dreamstime.com:** Ingemar Magnusson (ur). **8 Science Photo Library:** RICHARD BIZLEY (ul). **12–13 Alamy Images:** Bill Bachman (m). **15 Alamy Images:** keith taylor (ur). **Corbis:** Frank Krahmer (mur). **Dreamstime.com:** Glenn Nagel (mr). **16 Alamy Images:** Siim Sepp (mul). **DK:** The Natural History Museum, London (gol, gom). **16–17 Alamy Images:** PjrStudio (gom). **DK:** The Oxford University Museum of Natural History (m). **17 123RF.com:** Jirawat Plekhongthu (mo). **Alamy Images:** Siim Sepp (mur). **DK:** The Natural History Museum, London (mr). **Getty Images:** De Agostini/A. Rizzi (gom). **18 DK:** The Natural History Museum, London (gol). **Dreamstime.com:** Carolina K. Smith M.d. (mu); Pathompoom Srikudvien (m). **19 123RF.com:** Wasin Pummarin (u). **Alamy Images:** World History Archive (gor); Nina Matthews (gol). **iStockphoto.com:** shirhan (gom). **20–21 DK:** The Oxford University Museum of Natural History (um). **21 123RF.com:** PaylessImages (gom). **DK:** The University of Aberdeen (um); The Natural History Museum, London (gol). **Getty Images:** John Cancalosi (mr). **22 123RF.com:** Kjetil Dahle (mul/Lava). **Corbis:** Leemage (um); Roger Ressmeyer (gol); Ralph White (ul). **DK:** The Natural History Museum, London (m). **Dreamstime.com:** Rafal Kubiak (gom). **22–23 Alamy Images:** Buddy Mays (m). **23 Alamy Images:** Simone A. Brandt (gol); Franco Salmoiraghi (gom). **Corbis:** Angelo Hornak (gor). **Dreamstime.com:** Andrea G. Ricordi (ur/Giant's Causeway). **Getty Images:** De Agostini (mo). **Science Photo Library:** NASA (ul). **24–25 Getty Images:** Toshi Sasaki (m). **26–27 Alamy Images:** Siim Sepp (um). **26 DK:** The Natural History Museum, London (gor). **Dreamstime.com:** Mitchell Barutha (mgl); Bahrin Diana (ml). **Getty Images:** John Cancalosi (um). **27 Corbis:** Visuals Unlimited (gom). **DK:** The Natural History Museum, London (um). **28 DK:** The Natural History Museum, London (mo). **Dreamstime.com:** Nastya81 (mul); Cenk Unver (r). **29 Alamy Images:** Nitschkefoto (mor); PjrStudio (gom); picturedimensions (mr). **DK:** Oxford University Museum of Natural History (mo); The Natural History Museum, London (gol). **Getty Images:** Space Images (gor). **30 Alamy Images:** geoz (mo). **31 123RF.com:** zelfit (mul). **Alamy Images:** Sabena Jane Blackbird (ml); Manfred Gottschalk (mur). **32 Dreamstime.com:** Javarman (mul). **33 Alamy Images:** John Cancalosi (mr). **34 Alamy Images:** Siim Sepp (mu). **Corbis:** Vittorio Sciosia (mul). **Dreamstime.com:** Srijan Roy Chouhudry (mur); Jimmyconnor07 (gor). **Science Photo Library:** SCIENTIFICA, VISUALS UNLIMITED (mr). **35 Alamy Images:** John Cancalosi (ml); Siim Sepp (m). **Dreamstime.com:** Byelikova (gom); Bambi L. Dingman (mu). **36–37 Corbis:** Imaginechina. **38 DK:** NASA (gor); The Natural History Museum, London (mul, m). **Getty Images:** Larry French (mu). **Science Photo Library:** DR JUERG ALEAN (gol). **38–39 Science Photo Library:** DETLEV VAN RAVENSWAAY (m). **39 DK:** NASA (gom). **Dreamstime.com:** Cylonphoto (gor). **Press Association Images:** Elmar Buchner (mor). **Science Photo Library:** Petrie Museum of Egyptian Archaeology, UCL (m). **40–41 Getty Images:** Frans Lanting (m). **42–43 Corbis:** Darrell Gulin (m). **45 DK:** The Natural History Museum, London (mo). **46 DK:** The Natural History Museum, London (mol). **Dreamstime.com:** Omendrive (ml). **47 DK:** Alan Keohane (gom); The Natural History Museum, London (m). **Dreamstime.com:** Peter Hermes Furian (gol); Pictac (mr); Joools (um). **48 Corbis:** The Gallery Collection (mul); Charles O'Rear (gol). **DK:** Colin Keates (gom). **49 Corbis:** Mark Weiss (mul). **DK:** University of Pennsylvania Museum of Archaeology and Anthropology (mr); Canterbury City Council, Museums and Galleries (ml). **Dreamstime.com:** Andrey Armyagov (mur). **50 123RF.com:** Veerachai Viteeman (gor). **DK:** The National Music Museum (l); The Natural History Museum, London (m, mul). **51 123RF.com:** foottoo (gor). **Alamy Images:** The Natural History Museum (gol). **DK:** Durham University Oriental Museum (m); The University of Aberdeen (mul). **Dreamstime.com:** Gaurav Masand (ml); Slavapolo (mu). **52 Alamy Images:** ASK Images (mur). **DK:** The Natural History Museum, London (gol, m, mul, mu). **Dreamstime.com:** Kopitinphoto (gom); Noiral (ml); Marsel307 (mr). **52–53 DK:** The Oxford University Museum of Natural History (gom). **53 Dreamstime.com:** Ingemar Magnusson (mu); Marcovarro (gor). **Getty Images:** Tim Graham (mul). National Museum of Natural History, **Smithsonian Institution:** Chip Clark (gom, ml); Dane A. Penland (mr). **54 DK:** The Oxford University Museum of Natural History (ml). **54–55 Corbis:** Scientifica (gom). **55 123RF.com:** Aleksandar Kosev (gol). **Alamy Images:** BigJoker (gor). **Corbis:** Arne Hodalic (mo). **DK:** The University of Aberdeen (mu). **Dreamstime.com:** Klausmeierklaus (l). **Science Photo Library:** The Natural History Museum (mur); JOSE ANTONIO PEÑAS (mor). **56–57 Alamy Images:** Dale O'Dell. **58 Corbis:** Jeff Daly (mor). **DK:** The Natural History Museum, London (ml). **60 Corbis:** Mark Schneider (m). **DK:** The Natural History Museum, London (mur). **61 DK:** The Natural History Museum, London (mor). **62 Alamy Images:** World History Archive (mur); Universal Images Group/DeAgostini (ml). **Corbis:** Scientifica/Corbis (mul). **DK:** The Natural History Museum, London (mor). **63 123RF. com:** paulrommer (mo). **Alamy Images:** World History Archive (mul); Marvin Dembinsky Photo Associates (mol). **DK:** The Board of Trustees of the Royal Armouries (go). **Dreamstime.com:** Smallow (mor). **64 123RF.com:** Christopher Howey (mol). **Dreamstime.com:** Epitavi (mul); Anton Starikov (ml). **Science Photo Library:** GUSTOIMAGES (mor). **64–65 Dreamstime.com:** Zbynek Burival (um). **65 Alamy Images:** Alan Curtis/LGPL (ml). **DK:** Harley-Davidson (mu). **Dreamstime.com:** Carlosvelayos (mr); Ingemar Magnusson (gol). **66 Alamy Images:** Pat Behnke (mu). **Dreamstime.com:** Loiren (mur). **67 Alamy Images:** Brian Jackson (mur). **DK:** The Natural History Museum, London (m). **68 DK:** The Natural History Museum, London (gol). **69 Alamy Images:** The Natural History Museum, London (mu). **DK:** The Natural History Museum, London (gol). **Dreamstime.com:** Chinaview (gom). **70 Alamy Images:** John Hyde/Design Pics Inc (mu). **Corbis:** Mike Grandmaison (ml); Roger Ressmeyer (mul). **Dreamstime.com:** Rita Jayaraman (mr). **Getty Images:** Westend61 (gor). **National Geographic Creative:** SISSE BRIMBERG & COTTON COULSON, KEENPRESS (gol). **71 Corbis:** Radius Images (gol); Wayne Lynch/All Canada Photos (gor). **Dreamstime.com:** Andrew Buckin/Ka_ru (mo). **Getty Images:** Jonathan & Angela Scott (mr). **Photoshot:** Frans Lanting (mul). **72–73 Corbis:** Tom Bean. **74 Corbis:** Mark Schneider/Visuals Unlimited (ml, m). **75 Alamy Images:** Phil Degginger (mur). **Corbis:** Mark Schneider/Visuals Unlimited (gor). **Science Photo Library:** CHARLES D. WINTERS (mor). **76 DK:** The Natural History Museum, London (gol). **77 DK:** The Natural History Museum, London (gor). **iStockphoto.com:** Olivier Blondeau (gom). **78 DK:** The Natural History Museum, London (mur). **Dreamstime.com:** Bogdan Dumitru (gol). **Science Photo Library:** The Natural History Museum, London (ml). **79 Alamy Images:** Siim Sepp (mu). **80 Alamy Images:** Paolo Messina (mr); redsnapper (mul). **Corbis:** James Chororos (gor). **Dreamstime. com:** Joyce Vincent (m). **81 Corbis:** Ritterbach/F1 Online (mu). **Dreamstime.com:** Maurie Hill (mr). **83 DK:** The Natural History Museum, London (mo); The Natural History Museum, London (m). **84–85 Corbis:** Peter Adams/JAI. **86 Alamy Images:** Lightner Collection (gol). **Corbis:** Pascal Deloche/Photononstop (m). **Dreamstime.com:** Gator (m/cat). **86–87 DK:** Maidstone Museum and Bentliff Art Gallery (mu). **87 Corbis:** Leemage (gor). **DK:** The Natural History Museum, London (mul/Pulver). **Getty Images:** Print Collector (m). **Science Photo Library:** JOEL AREM (mu). **88 Alamy Images:** PjrStudio (mr). **90 Corbis:** Nature Connect (m). **DK:** The Natural History Museum, London (mu). **Dreamstime.com:** Cjh Photography Llc (mr). **NASA:** JPL/USGS (mul). **Science Photo Library:** DIRK WIERSMA (mol). **91 Alamy Images:** (gor). **Corbis:** Vittoriano Rastelli (m). **Dreamstime.com:** Daniel Kaesler (mol). **Getty Images:** Sean Gallup (mr). **92–93 Dr. Alexander Van Driessche. 94 Corbis:** Walter Geiersperger (mur). **DK:** Oxford University Museum of Natural History (mo). **95 DK:** The Natural History Museum, London (gol). **97 DK:** The Natural History Museum, London (m, mr). **Dreamstime.com:** Mrreporter (gol). **98 Alamy Images:** Shawn Hempel (ur). **Corbis:** Mark Schneider/Visuals Unlimited (gol). **DK:** The Natural History Museum, London (um). **Dreamstime.com:** Slavapolo (ml). **99 DK:** The Natural History Museum, London (gol). **Dreamstime.com:** Martina Osmy (ml). **100 Baldi, Home Jewels:** (gol). **DK:** The Natural History Museum, London (mu, mur). **Dreamstime.com:** Alexxl66 (mu/Hammer). **Getty Images:** Siede Preis/Photodisc (mo). **101 DK:** The Natural History Museum, London (mr). **Dreamstime.com:** Inga Nielsen (m). **102 Corbis:** (gom); Visuals Unlimited (mur). **DK:** The Natural History Museum, London (gol, mol, gogr). **102–103 DK:** The Natural History Museum, London (m). **103 Alamy Images:** World History Archive (m); John Keeble/VisualGems (mu). **Corbis:** Eric Meola (mr); Mark Schneider/Visuals Unlimited (mul). **DK:** The Natural History Museum, London (mol). **Dreamstime.com:** Loveliestdreams (gor). **104 Alamy Images:** Melvyn Longhurst China (mul). **Corbis:** AStock (mol); imberly Walker/robertharding (mu). **DK:** The Natural History Museum, London (gor). **105 Corbis:** Huetter, C (m); Asian Art & Archaeology, Inc. (mor). **DK:** The Natural History Museum, London (gol, gom). **National Museum of Natural History, Smithsonian Institution:** Chip Clark (mu). **Science Photo Library:** DIRK WIERSMA (ml). **106–107 Alamy Images:** Fredrik Stenström. **108 Corbis:** (m). **DK:** Christie's Images (mul); The Natural History Museum, London (mor). **Getty Images:** De Agostini/A. Rizzi (mol). **National Museum of Natural History, Smithsonian Institution:** Chip Clark (mo, mur). **Science Photo Library:** DAVID PARKER (mu). **109 Alamy Images:** PjrStudio (mu). **Dreamstime.com:** Ingemar Magnusson (ml). **Getty Images:** Dawid Wapenaar/EyeEm (mo); HECTOR MATA (mor). **National Museum of Natural History, Smithsonian Institution:** Chip Clark (gol, mul). **Science Photo Library:** JOEL AREM (mur). **110 DK:** The Natural History Museum, London (gol, mu). **Getty Images:** ADRIAN DENNIS (gor). **110–111 Alamy Images:** Phil Degginger (m). **111 Alamy Images:** John Cancalosi (mr). **Corbis:** Smithsonian Institution (gor). **DK:** The Natural History Museum, London (m). **National Museum of Natural History, Smithsonian Institution:** (mu); Chip Clark (mo). **112 DK:** University of Pennsylvania Museum of Archaeology and Anthropology (mol); The Natural History Museum, London (m). **Dreamstime.com:** Christophe Avril (mul). **113 DK:** The Natural History Museum, London (mol). **Dreamstime.com:** Ricok (mur). **114 DK:** The Natural History Museum, London (m). **Dreamstime.com:** Valentyn75 (gor). **114–115 DK:** The Natural History Museum, London (um). **115 Alamy Images:** INSADCO Photography (mu); Martin Strmiska (gor). **DK:** The Natural History Museum, London (gom, mr); The Natural History Museum, London (m). **116 Alamy Images:** Nature Picture Library (ml). **Corbis:** ALEXANDER DEMIANCHUK/Reuters (mu). **DK:** The Natural History Museum, London (mr); The Royal Academy of Music (mul). **Dreamstime.com:** Cristian Mihai Vela (gol). **117 Alamy Images:** Hans-Joachim Schneider (m). **Bridgeman Images:** The Natural History Museum, London (mor). **DK:** The Natural History Museum, London (ml). **Dreamstime.com:** Ra3rn (mu). **118 DK:** The Natural History Museum, London (ml, gom, m, mu). **119 DK:** The Natural History Museum, London (gol, mul, mu, mur). **National Museum of Natural History, Smithsonian Institution:** Chip Clark (gor); Ken Larsen (mol). **120 Corbis:** Walter Geiersperger (l). **DK:** The Natural History Museum, London (gor); The Natural History Museum, London (m, mur). **Getty Images:** Ron Evans (mo). **120–121 Dreamstime.com:** Phodo1 (m). **121 Alamy Images:** WILDLIFE GmbH (mo). **DK:** The Natural History Museum, London (gol, gom, gor, m, mul). **Photoshot:** Julie Woodhouse (mor). **122–123 Alamy Images:** lunamarina. **124–125 Alamy Images:** Marvin Dembinsky Photo Associates (m). **126 DK:** Oxford Museum of Natural History (mu). **127 DK:** Naturhistoriska riksmuseet, Stockholm (m); The Natural History Museum, London (mul). **128 Alamy Images:** John Cancalosi (m); David Coleman (mo). **DK:** The Natural History Museum, London (mol, mul, mu). **Dreamstime.com:** Linda Bucklin (gom). **Science Photo Library:** CHRISTIAN DARKIN (mul/Hai). **128–129 Fort Hays State University's Sternberg Museum of Natural History:** (go). **129 DK:** Naturhistoriska riksmuseet, Stockholm (gor); The Natural History Museum, London (ml). **Dreamstime.com:** Damir Franusic (mur). **130 Alamy Images:** Frans Lanting (gom). **DK:** Oxford Museum of Natural History (ml); The Natural History Museum, London (gol, mr). **Science Photo Library:** DIRK WIERSMA (mur). **130–131 DK:** Naturhistoriska riksmuseet, Stockholm (go). **131 Alamy Images:** Roberto Nistri (ml). **Corbis:** Layne Kennedy (r). **DK:** The Natural History Museum, London (ul). **Science Photo Library:** MARK A. SCHNEIDER (gol). **132–133 Getty Images:** Witold Skrypczak. **134 DK:** Geologisches Museum Kopenhagen/University Museum of Zoology, Cambridge (mol); Harry Taylor/Trustees of the National Museums Of Scotland (mol/Ichthyostega); The Natural History Museum, London (mul); Zentrum für Angewandte Geowissenschaften, Tübingen (mur). **Getty Images:** De Agostini Picture Library (mul/Cynognathus). **Science Photo Library:** LOUISE K. BROMAN (mu). **134–135 DK:** The Natural History Museum, London (m). **Getty Images:** Wolfgang Kaehler (go). **135 DK:** The Natural History Museum, London (m). **Dreamstime.com:** Andreas Meyer (gol). **Science Photo Library:** HERVE CONGE, ISM (mul); The Natural History Museum, London (gom). **136 Corbis:** Ken Lucas (mr). **Getty Images:** DEA/G. CIGOLINI (ml). **137 Alamy Images:** Prisma Archivo (go); Corbin17 (ml). **DK:** Oxford Museum of Natural History (mr); The Natural History Museum, London (mor); The Sedgwick Museum of Geology (mu/Kiefer). **Science Photo Library:** The Natural History Museum, London (mu). **138 Corbis:** Jonathan Blair (gol). **DK:** Senckenberg Naturmuseum, Frankfurt (gor); The Natural History Museum, London (m). **139 123RF.com:** Michael Rosskothen (mol). **Alamy Images:** Thomas Cockrem (mu). **Corbis:** Ken Lucas (gol). **DK:** The Natural History Museum, London (gor). **Getty Images:** Eric Van Den Brulle (mr); ANTONIO SCORZA (mo). **SuperStock:** Clive Glen (mul). **140 DK:** Oxford Museum of Natural History (mo). **Dreamstime. com:** Seanyu (mol). **Science Photo Library:** DIRK WIERSMA (gor). **140–141 DK:** Senckenberg Gesellschaft für Naturforschung (m). **141 DK:** The American Museum of Natural History (mur); The Natural History Museum, London (gol); Staatliches Museum für Naturkunde Stuttgart (mu). **Dreamstime.com:** Seanyu (mor). **142 Alamy Images:** Corbin17 (mul). **DK:** The Royal Tyrrell Museum of Palaeontology, Alberta, Canada (mo); The Natural History Museum, London (gor); Senckenberg Gesellschaft für Naturforschung (ml). **142–143 DK:** The Natural History Museum, London (m). **143 DK:** Oxford Museum of Natural History (mol); The Royal Tyrrell Museum of Palaeontology, Alberta, Canada (gom); Senckenberg Gesellschaft für Naturforschung (mur). **144 Corbis:** Louie Psihoyos (mol); Bernard Weil (mr). **DK:** The Royal Tyrrell Museum of Palaeontology, Alberta, Canada (mul); Senckenberg Naturmuseum, Frankfurt (mur). **145 Alamy Images:** John Cancalosi (gol); WaterFrame (mor); The Natural History Museum, London (mu). **DK:** Jon Hughes (gogr); The Natural History Museum, London (gor). **Science Photo Library:** MATTEIS (ml). **146–147 Getty Images:** Spencer Platt (m). 148 **Alamy Images:** Encyclopaedia Britannica/Universal Images Group Limited (mu); Amy Toensing/National Geographic Image Collection (m). **DK:** The Natural History Museum, London (gor, mur). **Science Photo Library:** JAIME CHIRINOS (mol). **149 Alamy Images:** Pat Canova (mur); WaterFrame_sta (mul). **DK:** The Natural History Museum, London (mol). **Science Photo Library:** Grant Museum of Zoology, UCL (go); The Natural History Museum, London (mogl, mr). **Roman Uchytel:** Roman Uchytel (mur/Hyracotherium). **150 DK:** The Natural History Museum, London (mol); National Museum of Wales (mul); The Natural History Museum, London (mu); The Oxford Museum of Natural History (mur). **150–151 DK:** The Natural History Museum, London (mo, mu). **151 Alamy Images:** The Natural History Museum (gor). **DK:** The Natural History Museum, London (gom, mr). **Science Photo Library:** The Natural History Museum, London (m). **152–153 Photoshot:** World Pictures. **154–155 Alamy Images:** Frans Lanting. **156–157 Dreamstime.com:** Milanmarkovic. **157 naturepl.com:** Wild Wonders of Europe/Lundgren (ur); Nature Production (mur). **162–163 naturepl. com:** Alex Mustard. **164 Science Photo Library:** GILLES MERMET (mo). **165 Alamy Images:** The Natural History Museum, London (r). **Science Photo Library:** GILLES MERMET (mur). **172–173 naturepl. com:** GEORGETTE DOUWMA. **176–177 Photoshot:** Imagebroker. **181 DK:** The Natural History Museum, London (mr). **182–183 Getty Images:** Ullstein bild. **184 Alamy Images:** Scott Camazine. **185 Corbis:** Walter Geiersperger (ur). **186 DK:** The Oxford University Museum of Natural History (mur, m); The Natural History Museum, London (ml, gor, mr, mul, mu).

Cover: Vorn: DK: Natural History Museum, London mo (Onyx), mlu (Koralle), mu (Skapolith), ul; Dreamstime.com: Prillfoto ur, Leon Rafael/Lrafael mlo (Diamant), Sergey Rusakov F4f mogl; Getty Images: Charles O'Rear/Corbis. **Hinten:** DK: Durham University Oriental Museum mr. **Rücken:** DK: Natural History Museum, London go.